智能电网
实时电价定价策略

REAL TIME PRICING STRATEGY FOR SMART GRID

朱红波 著

经济管理出版社
ECONOMY & MANAGEMENT PUBLISHING HOUSE

图书在版编目（CIP）数据

智能电网实时电价定价策略/朱红波著．—北京：经济管理出版社，2020.9
ISBN 978－7－5096－7229－7

Ⅰ.①智…　Ⅱ.①朱…　Ⅲ.①电价—用电管理—研究—中国　Ⅳ.①F426.61

中国版本图书馆 CIP 数据核字(2020)第 109245 号

组稿编辑：梁植睿
责任编辑：梁植睿
责任印制：黄章平
责任校对：董杉珊

出版发行：经济管理出版社
（北京市海淀区北蜂窝 8 号中雅大厦 A 座 11 层　100038）
网　　址：www.E－mp.com.cn
电　　话：（010）51915602
印　　刷：北京玺诚印务有限公司
经　　销：新华书店
开　　本：720mm×1000mm/16
印　　张：11
字　　数：152 千字
版　　次：2020 年 9 月第 1 版　　2020 年 9 月第 1 次印刷
书　　号：ISBN 978－7－5096－7229－7
定　　价：68.00 元

前　言

在智能电网中，需求侧管理是最重要的因素之一，其主要目的是在短期实现供需平衡，长期实现削峰填谷。基于需求响应的智能电网实时电价机制是调节电力供需平衡、实现削峰填谷的理想手段，其实施必然对用户的用电行为和电网的安全运行与管理产生深远影响。社会福利最大化模型是从全社会整体的视角出发所建立的模型，以最大化用户的效用函数、最小化供电商的供电成本为目的，充分体现了供需双方的利益。本书运用最优化理论深入研究社会福利最大化模型下实时电价定价机制。从单个时刻和多个时刻两个角度出发，针对不同情况建立模型，讨论模型特性，设计适当的算法对模型进行求解。本书主要的创新性研究工作如下：

首先，对单个时刻的社会福利最大化模型进行深入讨论，给出其对偶问题中拉格朗日乘子存在性与唯一性的理论证明。设计一种分布式最优化实时电价方法，此方法建立在带有高斯回代的交替方向乘子法的基础之上。一方面，所提出的算法充分体现了模型中变量间可分离的优势；另一方面，所提出的算法不但能够提高收敛速率，改善计算效率，而且克服了对偶次梯度算法在迭代过程中可能不收敛的缺陷。此外，给出了此算法收敛性的理论证明，并进一步讨论了模型中变量间的相互依赖关系。

其次，考虑用户电力总需求的动态变化，以单个时刻的社会福利最大化作为研究目标，改进已有在线实时电价风险模型中的用电风险项，将个体用户的用电量波动调整为全体用户电力总需求的波动，建立优化模型。通过对偶方法等价转换原优化问题，克服原有的在线算法不能求解用户总体用电量的困难，设计一种实时电价算法对其求解，得到实时电价定价策略。

再次，考虑用户用电的前后关联性，引入一般类型的分段线性函数作为用户的效用函数，给出一个周期内基于马尔可夫链的社会福利最大化模型，求解实时电价定价策略，用户可以更加理性、更加贴近实际地制定用电策略。考虑状态转移概率矩阵中的参数已知和未知两种情况，相同类型用户定价策略相同，用电量之间具有相互影响、相互制约的关联性；不同类型用户设置不同电力价格进行区分，给出一个周期的实时电价定价策略。同时针对参数已知和未知两种情况设计集中式和分布式定价策略模拟退火算法，模拟仿真验证了模型的合理性和算法的可行性。

接着，考虑多个时刻用电量间的相互关联性，将智能家用电器进行分类，建立了一个期望社会福利最大化模型。参考依赖于此模型给出的多个时刻实时电价策略，用户可以更加合理、更加贴近实际地制定用电器的具体运行模式。约束条件体现了由智能家用电器操作的连续性所引起的用电量波动（不确定性）。通过引入概率约束，不确定最优化问题可以等价转换为凸优化问题。证明了最优解的存在性与唯一性，进一步分析了其他性质。考虑到凸优化问题在对偶领域具有可分离性，我们建立了一个分布式在线实时电价算法以确定每个用户的用电需求以及供电商的电量供应。利用 Armijo 线搜索代替对偶次梯度算法中的固定步长，所提出的分布式在线实时电价算法能够克服对偶次梯度算法收敛速度慢甚至不收敛的缺陷。

最后，在将用户智能家电进行分类的基础上，考虑用户之间用电的关联性，基于马尔可夫决策过程构建社会福利最大化模型；利用概率转移矩阵刻画智能家居中的弹性用电器前后时刻间的用电关联性；引入若干个状态转移函数反映半弹性用电器的运行过程。这一过程确保了智能家电的运行特性被充分地展现出来。为了在提高计算效率的同时兼顾保护用户隐私，书中将凸优化问题拆分为用户侧和供电侧两类子问题。在用户侧，设计改进的模拟退火算法求解最优化问题；在供电侧，借助于对偶次梯度算法求解凸优化问题。

本书的研究结果表明，智能电网环境下实时电价定价策略可以更好地调动用户参与用电管理的积极性，实现需求侧管理中供需平衡以及削峰填谷的目标。单个时刻的实时电价策略能够及时反映供需的实时信息，达到供需平衡，实现需求侧的短期目标；而多个时刻的实时电价策略则能更好地调控周期内用户的用电模式，实现需求侧管理中削峰填谷的长期目标。所设计的分布式算法，在确保用户隐私的前提下，大幅度提高了算法的运行速率，适合于实际电网运行时用户数量为大规模的情况，具有相当的实用性。

本书的出版得到了江苏省社会科学基金项目（19GLB022）以及江苏省智能工厂工程研究中心的资助，在此表示感谢！

目 录

第1章　绪论

1.1　智能电网系统

系统（System）是自然界和人类社会中一切事物普遍存在的基本方式。一个系统是由相互关联和相互作用的多个元素所构成的具有特定功能的有机整体[1]。广义地讲，任何事物都可以看成一个系统。严格意义上说，“非系统”是不存在的。系统科学（System Science）是探索各类系统的结构与功能关系、系统的演化与调控规律的科学，是综合的交叉性学科。系统科学是各门学科的方法论和基础。

20世纪50年代中期，钱学森和许国志成立中国第一个运筹学小组，将其理论从西方带入中国。50年代末期，中国科学家开始将运筹学理论应用于国民经济的发展。60年代初期，华罗庚在我国大力推广“统筹法”。1978年，钱学森、许国志和王寿云首次发表《组织管理的技术——系统工程》，标志着我国应用系统工程出现了新局面[2]。此后30年，钱学森致力于开拓系统科学学科，在全国范围内推动系统工程的应用，在此推广过程中，形成、发展了他的系统科学思想——钱学森系统科学思想[3]。

随着人类科学技术的不断进步，各门学科相互渗透、相互借鉴，科学带来的思维方式正在发生巨大的变革[4]，人类进入了研究复杂性与调控复杂系统的新时代[5]。复杂系统具有一定的规模且其中的个体具有一定的智能性，例如智能网络、智能制造与智能机器人等，无一不涉及复杂系统研究。

智能电网是电力网络系统的智能化，是建立在高度集成的双向通信网络信息系统基础上，通过先进的测量与传感技术、先进的控制理论方法以及先进的决策支持系统应用，实现电网安全可靠、经济高效、环境友好和安全使用的目标[6]。它也可以缓解环境压力，顾及消费者需求及电力的安全生产和稳定传输，并利用电力和信息的双向流动控制电力消费，从而使当前电力系统存在的缺陷被缓解。因此智能电网是未来电网的发展方向，是解决能源短缺的一项积极手段。作为包含供电侧和需求侧两方面的一个系统，智能电网涉及层次多、结构复杂、动态性强，有很多不确定因素，同时，与社会、经济、政治等诸多外部环境具有非常大的相关性[7-9]，因此智能电网是一个开放的复杂系统。

1.2 需求侧管理

智能电网本身的复杂性和涉及的利益相关者的广泛性，使智能电网的普及需要漫长的过渡和持续的技术研发[10-13]。在此过程中，面临的问题主要包括供电侧管理和需求侧管理两大方面[14]。供电侧管理指传统电力系统中的管理问题，而需求侧管理则是智能电网下的管理新问题。需求侧管理是通过采取有效措施调动电力用户参与电力运行的积极性、引导用户优化用电方式，从而提高终端用电效率，达到优化资源配置，实现供电侧成本最小化所进行的管理活动。

需求侧管理是我们研究的重点。电能不易存储或者说存储成本较高，这一特点要求供求双方需要保持一定的实时平衡，必须经过智能电网来实现。传统电网遵循的是严格的等级系统，包括发电、输电、变电、配电、用电，这五个环节在实现过程中供需双方联系相对薄弱，很难实现供需平衡。而智能电网却可以运用先进的信息技术灵活地调度双方的资源，使电能和信息得以双向互动，达到供需匹配、供求关系平衡，保证系统运行的可靠性。从智能电网角度来说，用户的用电需求完全是可以进行管理的资源。从用户角度来说，希望通过自己的参与或选择使电力消费更加经济。智能电网通过鼓励和促进用户积极参与到电力系统的运行中，有效地管理用户的电力需求，进而实现削峰填谷，在确保用户满意度的前提下，降低供应商运营成本。这一过程既保证了在能源购买中用户有更多的选择，转移高峰电力需求，使电力公司得以减少资本开支和运营成本，同时又能够通过降低线损、减少效率低下的调峰电厂的运营，提供大量的环境效益。

随着电力市场智能化进程的推进，以政策性干预方式影响用户用电时间和用电数量的需求侧管理方式失去效用，采取新的需求侧管理方式迫在眉睫。需求响应机制应时而生。需求侧管理中需求响应机制可以分成两类：激励响应机制和价格响应机制[15-20]。基于激励的需求响应是指用户根据电力公司提供的激励信号所进行的削减电力负荷、中断用电等行为；基于价格的需求响应则是指用户根据电价的实时变化所做出的用电量转移或削减电力负荷等行为，最终在确保用户满意度的前提下，实现节约电费的目的。

1.3 实时电价定价策略

电力系统中的需求响应措施主要是价格响应，价格是供需双方关注的重点，是指引电力市场需求响应走向的关键要素[21-24]，基于价格的需求响应管理起着至关重要的作用，也是本书研究的主要方向。基于价格的需求响应形式有很多种，目前主要包括固定电价、阶梯电价、分时电价[25-26]（Time of Use，TOU）、关键峰荷电价[27]（Critical Peak Pricing，CPP）和实时电价[28-29]（Real Time Pricing，RTP）等。

电能的瞬时性决定了电力资源供给弹性小，在很大程度上依赖于即时需求，因而需要更加精确且更加具有实时性的电价机制给予支持，即实时电价。通过实行实时电力价格，引导需求侧动态调节用电需求，降低电力系统高峰时段的负荷量，激励低谷负荷时段的电力消耗量，激励用户参与电力系统的运行和管理，保障电网在高负荷率下安全可靠地运行，确保在提高能源利用效率的同时降低用户的电费支出。真正意义上实现削峰填谷的目的，实现需求侧所要达到的目标。

实时电价的概念最早由 Caramanis 等于 20 世纪 80 年代提出[30]。RTP 是指电力销售过程中每一瞬间发生的费用，反映电价随时间变化而变化的特点，是电力系统的理想定价机制。在实时电价实施过程中，供给侧根据电力供需情况制定电价，通过价格信号的实时调整，指导、激励用户在低谷时段用电，减少高峰负荷，从而实现削峰填谷，达到电力系统负荷需求的理想化，并在节能减排的同时也节约用户电费。早期的 RTP 也被称为动态电价，包括分时定价，尖峰定价等[31-35]，这种实时电价实际上也包括在较长时段上的价格变化，例如按白天与夜晚、冬季与夏季等划分时段，在每个时段制定不同的电力价格。这种意义下的实时电价相关研究有较长的历史，取得了一系列有意义的研究成果。例如，Joe - Wong 等、Shayeghi 等、Crisostomi 等、Soares 等[36-39]根据几个小时前，甚至一天前的用电数据，对下一阶段电价进行预测，以用于实际电价的制定。在智能电网中，实时电价作为理想的电价机制[40-44]，实现了需求侧电价与供应侧电价的互动，因此制定高效可行的需求响应实时电价方案，已成为智能电网发展中的一个重要研究方向。

1.3.1 研究背景

传统能源日益短缺和环境污染日趋严重等问题使世界各国纷纷大力发展对环境友好的新能源，在降低对传统能源依赖性的同时减少因能源需求对环境的污染，保障社会和经济的可持续发展。在 2007 年，美国国会通过了《美国清洁能源与安全法案》。一方面，这使新能源发电技术得到了迅猛发展：如巴西，从 2007 年到 2017 年电力消耗将会增长 60%，其中新能源风能、生物能和水能发电预计增加 16% ~34%[45]。小型风机、屋顶光伏等分布式发电设备将大范围地在各类用户中投入运行。另一方面，为了满足减排的要求，一些新型的用电设备随之产生，如大家熟知的电动汽车既需要消耗电能又可以在必要时存储电能。然而，由于以风能及太阳能为代表的新能源以及家居用户侧的分布式发电设备和电动汽车等均具有随机性和间歇性特征，大量新能源电力集中或分布式的接入电网，必然会对传统电力系统的安全性、可靠性以及稳定性等产生不利影响。传统电力系统的结构仅适用于接入具有集中发电特征的可控电源，并经过输电、配电环节将电力从电源端输送到负荷用户终端。大量新能源电力集中或分布接入电网，其具有的随机性和间歇性特征将导致新能源电力大幅度波动，加剧电力系统的不可控性。显然，这许多严峻的问题不可能在传统电网系统中得以解决。现有传统电网是单向、集中式的供电系统，人类对供电质量及可靠性的要求和日益增长的电能需求，使其不足之处慢慢浮出水面、逐渐显现出来。电网只有具备智能化，才能充分满足大量新能源集中或分布式接入的需要，并保障系统的安全性及可靠性需求[46]。因此提出了从传统电网转变为智能电网的需求。

在我国，智能电网的体系性研究相对较晚，在输电领域，多项研究已然达到国际先进水平；但是在配电领域，智能化研究还在积极探索之中。华东电网公司在 2007 年启动了包括信息调度、统一信息平台等的智能电网试点工程。2008 年，华北电网公司也开始进行相关的研究和建设，致力于打造新型智能调度体系，搭建智能电网的信息架构，并研发新能源融入电网的关键技术，为研究智能输配电网奠定坚实的基础。同年，上海市电力公司也展开了智能输配电网的研究，重点关注依赖于智能电表达到配电自动化，以及实现用户互动等方面问题。2009 年，在特高压输电技术的国际会议上，我国确立了建设中国坚强智能电网的发展规划[47]。2010 年 1 月 27 日，中国国家电网公司正式批准国内首个智能电网综合推广应用项目——中新天津生态城智能电网综合示范工程规划，其主旨是打造以“生态、自然、环保、节能、宜居、和谐的智能电网城市”为主旋律的智能电网综合示范工程，推进坚强智能电网各环节关键技术在城市建设方面的突破和推广应用。

中国国家电网公司将所提出的坚强智能电网描述如下：以各级电网协调发展的坚强网架为基础、特高压电网为骨干网架，以通信平台为支撑，具有信息化、智能化、自动化、互动化等特征，同时包含电力系统的发电、输电、变电、配电、用电和调度六大环节，涵盖所有电压等级，实现“电力流、信息流、业务流”的高度一体化融合，具有坚强可靠、经济高效、清洁环保、透明开放和友好互动内涵的现代电网。2015 年 7 月，国家发改委、能源局联合发布了《关于促进智能电网发展的指导意见》，指明“到 2020 年，初步建成安全可靠、开放兼容、双向互动、高效经济、清洁环保的智能电网体系，满足电源开发和用户需求，全面支撑现代能源体系建设，推动我国能源生产和消费革命；带动战略性新兴产业发展，形成有国际竞争力的智能电网装备体系”。

智能电网的装备体系如图 1. 1 所示，包括生产体系、传输体系、转换体系、配送体系和用电体系。生产体系主要包括传统的火电厂、水电厂以及新型能源；传输体系能够实现将所生产的电力传输到各个变电站；转换体系将输电过程中的高压电方式转换到低压电；配送体系将转换好的低压电传输给用户；用电体系是指需求侧的具体用电方式。在智能配用电网络的建设中，必将增强信息和电能的双向互动，鼓励用户改变传统固有的用电方式，更加积极主动地参与到电网运行中，且能够保障分布式能源“即插即用”的用电方式。能量优化管理策略能够有效地安排生产和消费，保证系统的稳定可靠运行，产生巨大的社会经济利益[48-50]。

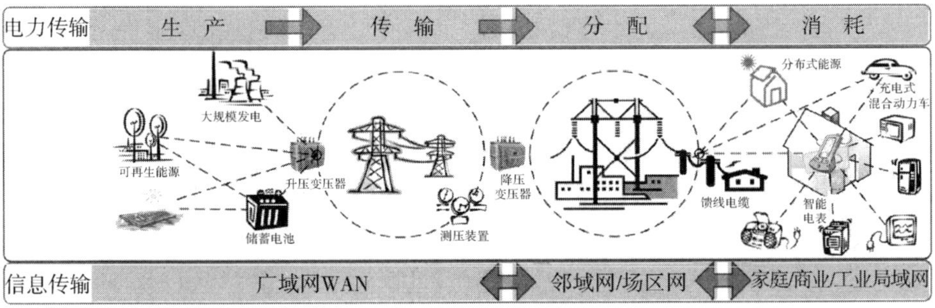

图 1.1 智能电网的装备体系

资料来源：Deng R. , Yang Z. , Chow M. Y. , et al. . A Survey on Demand Response in Smart Grids：Mathematical Models and Approaches [J] . IEEE Transactions on Industrial Informatics, 2015, 11 (3): 570 – 582.

传统的电力定价机制形式为固定电价，这仅仅是一种简单的成本分摊，其局限性导致边际电力生产费用与能量消耗费用出现差别，无法正确反映电力系统的真实情况。为了改进这种状况，现在我国普遍采用的电价形式为阶梯电价，如江苏、山东和山西等省份。阶梯电价在一定范围内鼓励用户用电，超过额定范围对用户用电也起到了限制的作用。但这仍然是缺乏分时约束的单一定价形式，用电高峰期电量供不应求以及低谷期又存在电能浪费的现象没有从根本上得到解决。在 2012 年上海市的电价表中可以看到，上海市采取了分时电价机制，即在阶梯电价的基础之上，加入了峰时段、平时段和谷时段的考虑。电力供应商在不同的时间段内采取不同的电价定价形式，鼓励电力需求用户合理安排用电时间，以达到实现削峰填谷，提高电力资源利用效率的目的。在基于 TOU 的需求响应方案中[51-56]，Yang 等在居民用户、商业用户和工业用户共存的情况下，给出了最优的用户用电方案[51]。基于支撑向量机进行数据挖掘，刘继东等[52]建立了TOU电价定价策略下需求用户的响应行为模型，体现了用户的用电量与电价定价策略之间的关系。阮文骏等[53]则采用加权最小二乘法的方法，并基于消费者心理学原理建立了用户需求响应度曲线的参数辨识模型，解决了分段线性响应度曲线的拐点问题。Tan等[57]针对中国现状，验证了分时电价在用户侧可以有效地促进居民有意识地调整用电时间，达到削峰填谷的作用；确保供电侧在一定程度上实现节能的目标。相比较于固定电价，阶梯电价有很大的优势。

尽管如此，TOU定价策略仍无法真实地体现出需求侧用电与供电侧供电的相互依赖关系，且在峰谷时段电价划分粗糙，导致灵活性较差。同时，TOU可能会产生回弹效应，若用户集中在峰谷时段用电，必然会造成一个不可预知的新的用电高峰，没有准确及时地预判则会带来巨大的损失。电能的瞬时性决定了电力资源供给弹性小，在很大程度上依赖于即时需求，因而需要更加精确、更加具有实时性的电价机制给予支持，即我们研究的主要目标——实时电价。

实时电力价格的实行，在智能电网系统中，可以一方面引导用户侧动态调节用电需求，达到降低系统高峰时段的负荷量，激励用户在低谷负荷时段的电力消耗，积极参与电力系统的运行和管理。另一方面，供电侧可以更好地实现与用户能源和信息的双向互动，确保电网在高负荷率下安全可靠地运行，降低能源损耗，在提高能源利用效率的同时降低用户的电费支出。真正意义上实现削峰填谷的目的，实现需求侧所要达到的目标。

1.3.2 研究意义

基于需求响应的实时电价，理论上是指每时每刻电价都可以改变，是近几年在智能电网背景下需要研究的关键问题之一。电力市场讨论的主要问题是：如何在短期内，在容量有限的情况下进行需求管理，实现供需平衡；在长期意义上，实现削峰填谷。电力产品不易存储且存储成本大的这种特征[58]，决定了电力系统的定价策略与一般产品的定价形式不同。

实时电价的研究意义主要体现在以下几方面：

1.3.2.1 充分调动用户的积极性

在智能电网系统中，要求需求侧参与到电网的运行中，用户将是电力系统不可分割的一部分，鼓励和调动用户参与电力系统运行和管理的积极性，是智能电网的一个重要特征。从供电侧的角度来说，用户的需求是一种可管理的资源，有效地管理有助于供需关系的平衡，达到供需匹配，保障系统安全可靠地运行；从需求侧的角度来说，电力消费是用户的一种经济选择，通过积极参与到电网的运行和管理中，修正用户实用和购买电能的方式，从而获益。实时电价机制将是智能电网实现调动用户积极性的主要手段。

1.3.2.2 削峰填谷

实时电力价格的实行，在智能电网系统中，可以有效地引导用户侧动态调节用电需求，达到降低系统高峰时段的负荷量，激励用户在低谷负荷时段的电力消耗，积极参与电力系统的运行和管理。保障电网系统在高负荷率下安全可靠地运行，在提高能源利用效率的同时降低用户的电费支出。现有电价会产生回弹效应，若用户集中在低谷时段用电，必然会造成一个不可预知的新的用电高峰，没有准确及时地预判则会带来巨大的损失。而实时电价则能有效地在真正意义上实现削峰填谷的目的，实现需求侧所要达到的目标。

1.3.2.3 体现实时信息

实时电价反映了各时刻电力供求关系的变化，而现行电价不能完全实现这一点；电价的高低主要由用户当时对电力的总需求决定，当供大于求时，电价下降，从而能够帮助用户主动选择自己的用电时间；实时电价实现对负荷的控制，需求侧将电价看作反映供求状况的信号，自行决定用电时间和用电数量，电力负荷的控制权由供给侧转移到需求侧。

综上所述，实时电价是一种理想的定价机制，其实现需要智能电网系统，特别是智能电表等先进计量、通信工具作为硬件支撑。随着不久的将来智能电网得以全面实现，实时电价必将成为电力行业首选定价机制。

1.3.3 研究现状

近几年来国内外一些学者已经开始对实时电价进行研究。国内关于实时电价的研究依然较少[59-64]，这已滞后于我国智能电网当前全面建设的进程。国外关于智能电网实时定价机制的研究相对较早[65-69]，Mohsenian - Rad 和 Leon - Garcia[65]利用智能电网和智能电表优势制定了实时定价环境下地方住宅区负荷控制方法，在此环境下为响应变化的实时电价每台设备运行时均考虑电力支付和等待时间最小化。Chen 等[67]建立了电力市场模型设计需求响应以匹配电力供应及刻画用户电力需求；Roozbehani 等[69]提出实时定价的不同算法，在保持消费电力总量少于发电能力前提下最大化电力系统中全部用户收益并使电力供应商成本最小化。

一些综述类文章[70-75]，对目前的需求侧管理、实时电价优化模型和研究方法作了全面的总结，探讨了未来研究方向。目前的研究中，主要采用优化理论、机器学习、博弈论、动态规划、马尔可夫（Markov）过程、随机规划、拍卖等。这一领域的研究工作主要在两方面开展：一方面是从市场化角度考虑，采用市场定价机制，从供给侧和需求侧管理角度，通过博弈的方法建立和研究实时定价问题[76-83]。另一方面是将电力作为公共产品，采用追求社会效用最大化的定价原则，解决这一问题主要采用最优化方法[84-105]。

1.3.3.1 基于开放电力市场下的实时电价研究

博弈论是一种正式的分析和概念框架，其带有整套工具来进行独立理性个体之间的复杂互动研究。卢强等[76]从电力系统规划、电力市场、调度、控制等方面阐述并总结了博弈论的典型应用示例。梅生伟和魏韡[77]指出应用工程博弈论突破智能电网面临的关键技术瓶颈成为可能，主从博弈问题是工程博弈论的难点和热点之一，梳理了智能电网环境下典型主从博弈问题并提出求解方法。Jiang 等[78]从微观经济学视角提出一种基于纳什谈判解（Nash Bargaining Solution，NBS）合作的能源调度和定价方案，数值结果表明，与非合作的情况对比，该方案可以有效地提高消费者的净福利和供应商的净利润。Vinyals 等[79]提出一个网络受限合作联盟博弈并探讨了虚拟电力用户结构和电力市场实时价格之间的关系。Lee 等[80]进行了电力供应商与用户基于直接交易的联盟博弈分析，并利用渐近 Shapley 值求解以保证提出的定价方案动态稳定运行。Ma 等[83]提出一种基于实时定价的能量控制策略，以消除智能电网的峰值负载，根据实时价格，能源消费者控制他们的能源消耗使发电成本和负荷削减的成本之间达到平衡，消费者基于总负载的实时定价进行互动，消费者之间的互动构成一个非合作博弈，给出博弈有唯一解的充分条件并开发一个分布式的能量控制算法和有效的算法收敛条件。

1.3.3.2 基于社会福利最大化的实时电价

将电力作为公共产品，建立优化模型，通过对偶分解方法来确定电量的影子价格，即求它的拉格朗日（Lagrange）乘子，用其作为电量价格或指导价格，这是优化理论中主要采用的方法。

最具经典代表性的是 Samadi 等[84]以用户总效用与电能提供者的成本的差最大化建立优化问题，其含义是在现有的总发电能力下，如何用电使全社会效益最大化，优化问题被称为社会福利最大化模型。该优化问题是基于政府确定电力价格或确定指导价格的实时电价定价策略的基本模型，以后的工作基本上对此模型重新设计算法，或改进和完善该模型后再设计相应的算法。下面我们从单个时刻和多个时刻两方面列举现有的研究成果。

基于单个时刻社会福利最大化模型，利用对偶次梯度算法求解可分解的对偶问题，将问题转化为求解用户侧和供电侧两类子问题，有效地保护了用户的隐私，在信息交换达到均衡时得到问题的最优解[84-94]。Samadi 等[84]考虑一个供电商多个用户，从全社会整理角度出发，以全体用户效用的总和最大和电能提供者的供电成本最小为目标建立优化模型，并设计了一种基于对偶次梯度方法的分布式实时电价算法，求出实时的最佳用电量以及电价供用户参考；Song 和 Qu[85]将 Samadi 等（2010）中以二次函数表示的效用函数，替换为对数函数，使用对偶算法求出实时电价；Asadi 等[86]将 Samadi 等（2010）中的问题推广为两类用户问题，使用粒子群算法求解对偶优化问题；Tarasak[87]在原模型中增加了负载不确定项，具体分为边界不确定、高斯分布和未知分布三种模型；Wang 等[88]采用方差作为风险评估指标，对 Samadi 等（2010）中建立的优化模型的目标函数进行改进，在目标函数中减去一个电量波动风险项，从离线实时电价风险模型和在线实时电价风险模型两个角度分析。上述文献主要是对单个时刻社会福利最大化模型做修正，针对算法也有相应的、更好的改进。对偶次梯度算法具有分布式求解的优势，但是此算法中迭代步长是固定的，算法对步长具有敏感的依赖性，不同步长的选择可能会导致算法收敛速度慢甚至不收敛的现象[89-94]。Zhang 等[89]沿用二次效用函数，对 Samadi 等（2010）中的算法做了改进，通过将对偶问题进行两次光滑化，加快了对偶问题的收敛速度。Tsai 等[90]、Tan 等[91]、Feng 等[92]、Wang 等[93]和 Nguyen 等[94]采用 ADMM 算法求解模型，既保证了算法的分布式求解，不需要分享用户隐私的优势，同时充分利用了模型中变量间的可分离性，又降低了对目标函数的要求。

考虑时刻间具有关联性，建立多个时刻社会福利最大化模型，给出实时电价定价策略[95-105]。Qian 等[95]将居民用户的家用电器进行分类，划分为必须运行、弹性和半弹性三类，考虑到家用电器运行具有连续性，建立多个时刻的社会福利最大化模型，运用模拟退火算法求解实时电价定价策略。Chang 等[96]针对半弹性家用电器的运行时间、等待时间以及何时开启等要素建立多阶段的马尔可夫模型，利用动态规划方法进行求解。Joo 和 Ilić[97]考虑供电商供电的前后关联性，建立多个供应商多个用户的社会福利最大化模型，利用对偶方法将问题分解为供电侧和需求侧两类子问题进行求解。Roh[98]将 Qian 等（2013）中弹性家用电器再细化为三类，半弹性家用电器细化为两类，建立模型并将其转化为混合整数非线性规划问题，利用 Benders 分解算法进行求解大大降低了计算量。Wang 等[99]在模型中加入具有高度波动性的可再生能源，建立带有不确定性的模型，设计两阶段的优化方法转化并求解模型，数值仿真结果验证所给出的机制能有效地降低成本。Moghadam 等[100]探讨了电网运营商提供实时电价机制，建立一个双层规划问题，并设计连续凸规划算法求解。Anees 和 Chen[101]提出了一种智能家居小区体系结构，其中小区控制器作为一个虚拟的配电系统。考虑到传统的实时电价方案在降低终端用户的峰值比方面不能得到有效的实施，开发了社区控制器和社区终端用户之间的真正的实时电价机制。

综上，由于电力市场中的复杂情形，对不同类型用户、电力不同来源以及不同类别的电器设备所拥有的不同的消费模式细化得并不细致，将电力作为公共产品从全社会角度考虑，如何在当前形势下进一步扩大电力市场实时定价决策的应用范围，结合更贴近实际的社会福利最大化模型来对智能电网中实时定价问题进行研究是亟须解决而紧迫的现实问题。这些问题的有效解决必将会对实时电价定价机制的建立直至最终投入使用起到一定的推动作用。

1.4 研究内容

本书主要运用优化理论在社会福利最大化模型下研究智能电网实时电价定价策略。从单个时刻和多个时刻两个角度对模型进行深入研究。首先，对基本的社会福利最大化模型进行理论分析，鉴于对偶次梯度算法收敛速度慢甚至不收敛的缺点，我们引入 ADMM 算法求解单个时刻的社会福利最大化模型。其次，在基本的社会福利最大化模型中加入风险的因素，建立模型，设计新算法。再次，考虑不同类型用户多个时刻的用电关联性，建立期望社会福利最大化模型，设计算法求解实时电价策略。然后，将居民用户的家用电器具体分类，考虑多个时刻间用电关联性，建立期望社会福利最大化模型，并给出分布式在线实时电价算法，求解模型，验证模型的合理性。最后，借助于概率转移矩阵以及概率转移函数刻画家用电器多个时刻用电关联性，并考虑用户直接的相互影响，构建马尔可夫过程下的期望社会福利最大化模型，并设计分布式实时电价算法进行求解。

各章节内容如下：

第 1 章，绪论。首先介绍系统科学的发展状况，然后论述系统科学与智能电网的关系。指出智能电网是一个开放的复杂巨系统，系统科学可以为智能电网中需求侧管理问题的解决给出指导。实时电价定价策略是解决需求侧管理问题的理想方案，也正是本书的研究主题。最后，详细梳理了实时电价问题的研究背景、研究意义，以及国内外在社会福利最大化模型下关于实时电价问题的研究现状和未来研究方向。

第 2 章，预备知识。首先，从经济学角度介绍了社会福利最大化，并给出本书所要研究的基本模型——社会福利最大化模型。接下来给出对偶理论，引入 Lagrange 乘子，也正是经济学上的影子价格，即电力价格，我们研究的重点。社会福利最大化模型是凸优化问题，最后介绍基本的凸优化对偶算法理论，包括交替方向乘子法（ADMM）、一维搜索的 Amijo 线搜索算法、模拟退火算法、马尔可夫（Markov）决策过程。

第 3 章，单个时刻社会福利最大化模型的算法设计。首先，对已有的社会福利最大化模型进行深入讨论，最优解在边界处取得，所以不等式约束等价于等式约束条件。然后，讨论用对偶次梯度算法对模型进行求解的过程中，对偶问题中的乘子是否存在，是否唯一，并给出乘子唯一存在的理论证明，并对模型中变量间的相互依赖关系给出明确的阐释。最后，由于对偶次梯度算法存在收敛速度慢甚至不收敛的现象，为了克服这一缺陷，基于带有高斯回代的 ADMM 算法，设计一种分布式实时电价算法对模型进行求解，给出算法收敛的理论证明。模拟仿真将两种算法作对比，验证了所设计算法快速收敛的特性。

第 4 章，单个时刻考虑风险的社会福利最大化模型的建模与算法设计。在智能电网中，当发电量保持相对平稳时，用户电力总需求的波动对电网就意味着一定的风险。已有的考虑风险的模型中，用每个用户用电量波动方差的总和来体现全社会用电总需求的波动风险，这本身是存在缺陷的，其夸大了风险的程度，降低了全社会福利最大值。考虑用户用电总需求的波动给供电商带来的风险，改进在线实时电价风险模型中用单个用户用电需求的波动总和来反映全体社会福利函数的变动情况，以社会福利最大化为目标建立最优化模型，设计分布式算法对模型求解，得到实时电价定价策略。

第 5 章，多个时刻考虑多类用户的社会福利最大化模型的建模与算法设计。将实时电价问题离散为某个时刻的单阶段问题予以研究，忽略了用户用电以及供电商供电的前后关联性。本章从全局多个时刻角度出发，考虑充分利用供电商及用户间的双向影响以及用户用电行为的状态转移特性，借助于马尔可夫决策过程进行描述，构造出依赖于电价的状态转移矩阵，形象地体现取决于不同电价用户的用电行为选择过程。假设每一阶段的用电量仅受该阶段的电价影响，构建有限阶段的基于马尔可夫链的社会福利最大化模型。分两种情况讨论：①已知状态转移概率矩阵中线性函数的参数，考虑用户类型相同时，多个用户用电量之间具有相互影响，相互制约的关联性；用户类型不同时设置不同电力价格进行区分，设计集中式定价策略的改进模拟退火算法，给出实时电价定价策略。②在状态转移概率矩阵中的系数未知的情况下，考虑用户类型相同时，多个用户用电量之间具有相互影响，相互制约的关联性；用户类型不同时设置不同电力价格进行区分，设计分布式定价策略的改进模拟退火算法，给出实时电价定价策略以及用电状态概率分布。

第 6 章，多个时刻考虑家用电器分类的社会福利最大化模型的建模与算法设计。考虑居民用户，将其家用电器划分为必须运行、弹性和半弹性三类进行细致研究。家用电器操作具有连续性的特性，这导致多个时刻之间的用电量具有一定的波动性，即带有不确定性。考虑不确定性因素，建立期望社会福利最大化模型。引入概率约束，将此模型等价转化为凸优化问题。采用对偶方法将问题分解为供电侧和用户侧两类子问题，既保护了用户的隐私，又提高了信息交换速度。将对偶问题中的固定步长替换为利用 Armijo 线搜索方法寻找步长，所设计的分布式在线实时电价算法的收敛速度大大提高。同时将带有不确定性的模型与基本社会福利最大化模型作对比，可以看到带有不确定因素的模型在不影响社会福利的前提下，可以更好地确保供电商供电的平稳性。

第 7 章，马尔可夫过程下考虑多个时刻家用电器分类的社会福利最大化模型的建模与算法设计。进一步研究多个时刻考虑家用电器分类的社会福利最大化模型，借助于马尔可夫过程刻画多个时刻间的关联性，利用概率转移矩阵刻画智能家居中的弹性用电器前后时刻间的用电关联性。引入若干个状态转移函数反映半弹性用电器的运行过程。这一过程确保了智能家电的运行特性被充分展现出来。为了提高计算效率同时兼顾保护用户的隐私，文中将优化问题拆分为用户侧和供电侧两类子问题。在用户侧，设计改进的模拟退火算法求解最优化问题；在供电侧，借助于对偶次梯度算法求解凸优化问题。

第 8 章，结论与展望。在对全书概述的基础上，探讨了目前及今后智能电网实时电价定价策略研究的若干方向，并指出了将来需要进一步深入研究的问题。

1.5　创新点

本书创新点包括以下几个方面：①基于带有高斯回代的ADMM算法，设计分布式实时电价算法求解社会福利最大化模型；②建立考虑用户用电量波动风险的社会福利最大化模型；③利用马尔可夫决策过程描述用户多个时刻的用电行为，并且考虑用户之间的相互关联性，构建期望社会福利最大化模型；④将家用电器分类，考虑用电器工作的连续性，引入不确定性因素，建立多阶段期望社会福利最大化模型；⑤利用Armijo线搜索算法替换对偶次梯度算法中的固定步长，设计的分布式在线实时电价算法，可大大提高算法的收敛速度。

第2章　预备知识

本章首先从经济系统角度给出社会福利函数，将其运用到智能电网系统环境中，给出基本的社会福利最大化模型。接下来介绍基本的对偶理论，此模型是凸优化问题，利用对偶理论可以将问题离散为求解需求侧中每个用户的效用问题以及供电侧供电商的获利问题。最后介绍经典的凸优化算法理论，在此基础上，设计适当算法可以求解模型，给出实时电价定价策略。

2.1　社会福利最大化

在经济系统中，“福利”指个人或群体的利益所得，它包括物质上的收入获得和精神上的心理满足两方面给消费者带来的种种好处。福利一直是人类社会关心的基本问题，而个人需要与社会利益的关系则构成了现代社会福利思想的核心关怀。“社会福利”是在特定的制度安排下，公众在社会利益分配方面达成一致的社会选择所实现的结果，它代表着一种集体或群体利益。“效用”指消费者在消费过程中心理方面获得的满足，经济学通过福利和效用两个最基本的概念，试图解释并说明个人动机和社会选择之间可能实现的利益均衡。

社会福利最大化就是实现效用的最大值，也就是求得收益 - 成本比率的最大值。对个人而言，意味着个人获得最大的幸福感或满足感；而对一个社会来说，意味着福利资源分配效率或效益的最佳状态或最理想状态。福利最大化目标在本质上涉及福利的内涵以及资源配置的方式，通常遇到的一个挑战问题是效率原则在多大程度上没有损害社会的公平。

社会福利函数是经济系统研究的一个重要内容，它试图指出社会主体所追求的目标应该是什么，是某些人的还是所有人的利益或效用？当人们之间的利益或效用相冲突时，应该考虑哪些因素？应该如何处理这些不同的利益或效用？

假设社会中共有 n 人，社会福利函数 w 通常记为：$w=f(u_1, u_2, \cdots, u_n)$，其中 u_i（$i=1, 2, \cdots, n$）为第 i 人的效用。

下面介绍智能电网背景下社会福利最大化问题，也是本书的主要研究目标。

2.1.1　社会福利最大化模型

本书主要研究社会福利最大化模型，通常情况下，可以根据用户类型将电力消费划分为三类：家庭用户、商业用户、工业用户。假设在一个国家，或一个区域共有 N 个同种类型的电力用户，每个用户 $i \in N = \{1, 2, \cdots, N\}$。每个用电周期（一般可为 24 小时）分为 K 个时段（每个时段最低可取 15 分钟），每个时刻 $k \in K = \{1, 2, \cdots, K\}$，$x_i^k$ 表示第 i 个用户在第 k 个时段的用电量，范围为 $x_i^k \in [m_i^k, M_i^k]$，其中 $m_i^k \geqslant 0$ 且 $M_i^k \geqslant 0$，分别表示用户 i 在时刻 k 的最小用电量以及最大用电量。G_k 表示电力系统在第 k 个时段的生产能力；$C_k(G_k)$ 表示第 k 个时段生产 G_k 电量的成本。第 i 个用户消费 x_i^k 电量的效用为：$U_i(x_i^k, \omega_i^k)$，其中 ω_i^k 为用户弹性系数，根据不同用户不同时刻选取不同数值来体现。

有研究者[84,106-107]提出有创新性的基于价格的实时电价模型，以用户总效用与电能提供者成本的差的最大化建立如下优化问题：

$$\max \sum_{k=1}^{K}\left(\sum_{i=1}^{N} U_i(x_i^k,\omega_i^k) - C_k(G_k)\right)$$
$$\text{s.t. } \sum_{i\in N} x_i^k \leqslant G_k, k = 1,2,\cdots,K$$
$$x_i^k \geqslant 0, k = 1,2,\cdots,K \tag{2.1}$$

优化问题（2.1）中目标函数为全社会总福利，约束条件为全部用户用电量小于等于总发电量。优化问题（2.1）的含义是在现有的总发电能力下，如何用电使全社会效益最大化，被称为社会福利最大化模型。

2.1.2 用户的效用函数

微观经济学中效用函数（Utility Function）的概念，常被用来刻画用户的满意度。在此模型中，$U(x,\omega)$ 为用户的效用函数，$\omega>0$ 为已知参数。对每个用户而言，效用函数的函数值大小代表了用户在使用购买到的电力之后的满意度。电力系统中的每个用户都是一个独立的个体，电量需求可以用不同的参数来刻画，例如每天的不同时刻、气候条件、电价等因素，电量需求也依赖于用户的类型。对于同样的电价，家庭用户和工业用户会有不同的反映，可以用不同的效用函数来刻画用户的类型，不同的用户用弹性系数 ω 来区分。相同条件下，ω 取值越大，用户的最佳用电量越高，弹性系数直接反映了用户的用电喜好。

在研究中，一般效用函数选取满足经济学中两个基本假设条件的函数：①非递减函数，且 $U(0,\omega)=0$；②边际效用递减，即 $\partial^2 U(x,\omega)/\partial x^2 \leqslant 0$，就是说效用函数是凹函数。通常选取二次函数[84,86-89]：

$$U(x,\omega)=\begin{cases}\omega x-\dfrac{\alpha}{2}x^2, & 0\leqslant x\leqslant \dfrac{\omega}{\alpha},\\[2mm] \dfrac{\omega^2}{2\alpha}, & x\geqslant \dfrac{\omega}{\alpha}\end{cases} \tag{2.2}$$

或者对数函数[85]：

$$U(x, \omega)=\beta\ln(\omega x+1),\ \forall x\geqslant 0 \tag{2.3}$$

作为效用函数。其中 $i\in \mathrm{N}$，且 $\alpha>0$，$\beta>0$ 是根据历史数据求得的，作为已知的参数。

2.1.3 供电商的成本函数

供电商生产电力的成本函数通常被假定为递增和严格凸，通常成本函数被假定为二次函数[84-89]：

$$C(G)=aG^2+bG+c \tag{2.4}$$

其中生产电量 $G\in \mathcal{G}=[G^{\min}, G^{\max}]$，$a>0$ 和 $b\geqslant 0$，$c\geqslant 0$ 是事先给定的参数。

此社会福利最大化模型是凸优化问题，可以利用经典的凸优化理论进行求解，得到最优的生产电量以及最佳用电量，但是并没有我们关注的实时电价。将问题对偶，求解其对偶问题，则可以求得 Lagrange 乘子，也就是经济学意义上的影子价格，正是我们关注的电力价格。下面我们给出基本的对偶理论以及凸优化的基本算法理论。

2.2 对偶理论

2.2.1 Lagrange 对偶问题

对偶算法是最优化中一个重要方法，起源于线性规划，而后发展成为更具一般性的，可以用来求解一般非线性规划问题的方法[108]。对偶算法不仅可以求解决策变量，同时还可以附带求解对偶变量（Lagrange 乘子）。在最优化理论的发展及算法研究过程中，对偶理论起到了十分重要的作用，正因如此，许多研究最优化的论文和著作[109-111]，都对对偶理论进行了深入的研究。

下面给出 Lagrange 对偶中原问题与对偶问题的描述。考虑下面非线性规划问题：

$$\begin{aligned}&\min f(x)\\&\text{s.t. } g_i(x)\geqslant 0,\ i=1,\ \cdots,\ m,\\&h_j(x)=0,\ j=1,\ \cdots,\ l,\\&x\in D\end{aligned} \tag{2.5}$$

其中，将约束条件分类划分为两种，一种包含等式约束和不等式约束条件，另一种则是集合约束的形式，即 $x\in D$。

我们把上述问题称作原问题，定义它的对偶问题为：

$$\begin{aligned}&\max\theta(w,\ v),\\&\text{s.t. } w\geqslant 0\end{aligned} \tag{2.6}$$

其中目标函数 θ（w，v）定义如下：

$$\theta(w,v) = \inf\left\{f(x) - \sum_{i=1}^{m} w_i g_i(x) - \sum_{j=1}^{l} v_j h_j(x) \mid x \in D\right\} \tag{2.7}$$

当上式不存在有限下界时，假设：

$$\theta(w,\ v) = -\infty$$

称 θ（w，v）为 Lagrange 对偶函数。需要注意的是在建立对偶问题时，集合 D 的选择将影响到计算和修正对偶函数 θ（w，v）的工作量。

2.2.2 对偶定理

为书写方便，记：

$$g(x)=(g_1(x),\ g_2(x),\ \cdots,\ g_m(x))^T,$$

$$h(x)=(h_1(x),\ h_2(x),\ \cdots,\ h_l(x))^T$$

则可以将公式（2.5）至公式（2.7）改写为如下形式：

$\min f(x)$

s. t. $g(x)\geqslant 0$,

$h(x)=0$,

$x\in D$ （2.8）

对偶问题为：

$\max\theta(w, v)$,

s. t. $w\geqslant 0$ （2.9）

其中对偶函数：

$$\theta(w,v)=\inf\left\{f(x)-\sum_{i=1}^{m}w^{T}g(x)-\sum_{j=1}^{l}v^{T}h(x)\mid x\in D\right\} \tag{2.10}$$

定理 2.1[108]（弱对偶定理）　设 x 和 (w, v) 分别是原问题（2.8）和对偶问题（2.9）的可行解，则

$f(x)\geqslant\theta(w, v)$

推论 2.1[108]　对于原问题和对偶问题，必有

$\inf\{f(x)\mid g(x)\geqslant 0,\ h(x)=0,\ x\in D\}\geqslant\sup\{\theta(w, v)\mid w\geqslant 0\}$

推论 2.2[108]　如果 $f(\bar{x})\leqslant\theta(\bar{w}, \bar{v})$，其中

$\bar{x}\in\{x\mid g(x)\geqslant 0,\ h(x)=0,\ x\in D\}$，$\bar{w}\geqslant 0$

则 $\bar{x}$ 和 $(\bar{w}, \bar{v})$ 分别是原问题和对偶问题的最优解。

定理 2.2[108]（强对偶定理）　设 D 是 R^n 中一个非空凸集，f 和 g_i（$i=1, \cdots, m$）分别是 R^n 上的凸函数和凹函数，h_j（$j=1, \cdots, l$）是 R^n 上的线性函数，即 $h(x)=Ax-b$，又设存在点 $\hat{x}\in D$，使：

$g(\hat{x})>0$，$h(\hat{x})=0$，$0\in \mathrm{int}H(D)$

其中 $H(D)=\{h(x)\mid x\in D\}$，则：

$\inf\{f(x)\mid g(x)\geqslant 0,\ h(x)=0,\ x\in D\}=\sup\{\theta(w, v)\mid w\geqslant 0\}$

而且，若式中 inf 为有限值，则：

$\sup\{\theta(w, v) \mid w \geqslant 0\}$

在 $(\bar{w}, \bar{v})$ 达到，$\bar{w} \geqslant 0$。如果 inf 在点 $\bar{x}$ 达到，则 $\bar{w}^T g(\bar{x}) = 0$。

为了给出鞍点定理，我们先给出问题（2.8）的 Lagrange 函数，表达如下：

$$L(x, w, v) = f(x) - w^T g(x) - v^T h(x)$$

接下来我们先定义 Lagrange 函数 $L(x, w, v)$ 的鞍点，然后讨论 Lagrange 函数的鞍点与原问题（2.8）以及对偶问题（2.9）的最优解之间的关系，给出鞍点最优性条件，最后给出鞍点最优性条件与 K－T 条件之间的关系。

定义 2.1[108] 设 $L(x, w, v)$ 为 Lagrange 函数，$\bar{x} \in \mathrm{R}^n$，$\bar{w} \in \mathrm{R}^m$，$\bar{w} \geqslant 0$，$\bar{v} \in \mathrm{R}^l$，如果对每个 $x \in \mathrm{R}^n$，$w \in \mathrm{R}^m$，$w \geqslant 0$ 及 $v \in \mathrm{R}^l$，都有：

$$L(\bar{x}, w, v) \leqslant L(\bar{x}, \bar{w}, \bar{v}) \leqslant L(x, \bar{w}, \bar{v})$$

则称 $(\bar{x}, \bar{w}, \bar{v})$ 为 $L(x, w, v)$ 的鞍点。

定理 2.3[108]（鞍点定理） 设 $(\bar{x}, \bar{w}, \bar{v})$ 是原问题（2.8）的 Lagrange 函数 $L(x, w, v)$ 的鞍点，则 $\bar{x}$ 和 $(\bar{w}, \bar{v})$ 分别是原问题（2.8）以及对偶问题（2.9）的最优解。反之，假设 f 是凸函数，g_i $(i=1, \cdots, m)$ 是凹函数，h_j $(j=1, \cdots, l)$ 是线性函数，即 $h(x) = Ax - b$，且 A 满秩。又设存在 $\hat{x}$，使 $g(\hat{x}) > 0$，$h(\hat{x}) = 0$。如果 $\bar{x}$ 是问题（2.4）的最优解，则存在 $(\bar{w}, \bar{v})$，其中 $\bar{w} \geqslant 0$，使 $(\bar{x}, \bar{w}, \bar{v})$ 是 Lagrange 函数 $L(x, w, v)$ 的鞍点。

关于鞍点条件与 K－T 条件之间的关系，有下面的定理：

定理 2.4[108] 设在问题（2.8）中，可行集为 S，$\bar{x} \in S$ 满足 K－T 条件，即存在乘子：

$$\bar{w} = (\bar{w}_1, \bar{w}_2, \cdots, \bar{w}_m)^T \geqslant 0$$

和

$$\bar{v} = (\bar{v}_1, \bar{v}_2, \cdots, \bar{v}_l)^T \geqslant 0$$

使：

$$\nabla f(\bar{x}) - \sum_{i=1}^{m} \bar{w}_i \nabla g_i(\bar{x}) - \sum_{j=1}^{l} \bar{v}_j \nabla h_j(\bar{x}) = 0 \tag{2.11}$$

$$\bar{w}_i g_i(\bar{x}) = 0, \ i = 1, \ \cdots, \ m \tag{2.12}$$

又设 f 是凸函数，$g_i(i \in I)$ 是凹函数，其中下标集 $I = \{i \mid g_i(\bar{x}) = 0\}$，当 $\bar{v}_j \neq 0$ 时，h_j 是线性函数，则（$\bar{x}$，$\bar{w}$，$\bar{v}$）是 Lagrange 函数 L（x，w，v）的鞍点。反之，设 f，g_i（$i = 1$，$\cdots$，m）和 h_j（$j = 1$，$\cdots$，l）可微，若（$\bar{x}$，$\bar{w}$，$\bar{v}$）（$\bar{w} \geqslant 0$）是 Lagrange 函数的鞍点，则（$\bar{x}$，$\bar{w}$，$\bar{v}$）满足 K－T 条件（2.11）和条件（2.12）。

2.3 凸优化基本算法理论

2.3.1 交替方向乘子法（ADMM）

在求解带有约束的最优化问题中，ADMM 算法是比较广泛使用的一种方法，它给出了求解优化问题的计算框架，适用于求解带有等式约束的分布式凸优化问题，特别是统计学习问题[112]。通过分解协调（Decomposition－Coordination）过程，ADMM 算法可以将大的全局问题分解为多个较小、较容易求解的局部子问题，再通过协调子问题的解进而求得整体的全局问题的解。产生这种方法主要是为了弥补二次惩罚的缺点。在有些问题中，利用二次惩罚来近似约束问题在最优点附近的取值，需要惩罚项的系数趋近于无穷，然而这种要求会使 Hessian 矩阵很大，导致近似的目标函数很不稳定。为了很好地处理这个问题，引入了线性逼近的部分，通过线性项系数不断交替迭代的方式接近最优解（对偶上升），使二次惩罚项在系数很小的情况下，也能得到满足精度要求的解。ADMM 是目前比较成熟、比较受欢迎的约束问题最优化通用框架。

ADMM 算法最早分别由 Hestenes[113] 及 Powell[114] 于 1969 年提出，并被 Boyd[115] 等于 2010 年重新整理，并证明其适用于大规模分布式的等式约束优化问题。

ADMM 算法可以求解如下形式的问题：

$$\min f(x)+g(z)$$

$$\text{s.t. } Ax+Bz=c \tag{2.13}$$

其中变量 $x\in \mathrm{R}^n$，$z\in \mathrm{R}^m$，并且 $A\in \mathrm{R}^{p\times n}$，$B\in \mathrm{R}^{p\times m}$ 和 $c\in \mathrm{R}^p$，并设 f 和 g 为凸函数。

问题（2.13）的增广 Lagrange 函数为：

$$L_\rho(x, z, y)=f(x)+g(z)+y^T(Ax+Bz-c)+(\rho/2)\|Ax+Bz-c\|_2^2$$

ADMM 算法迭代如下：

$$x^{k+1}=\underset{x}{\operatorname{argmin}} L_\rho(x, z^k, y^k) \tag{2.14}$$

$$z^{k+1}=\underset{z}{\operatorname{argmin}} L_\rho(x^{k+1}, z, y^k) \tag{2.15}$$

$$y^{k+1}=y^k+\rho(Ax^{k+1}+Bz^{k+1}-c) \tag{2.16}$$

其中 $\rho>0$。此算法与对偶上升法（Dual Method）和乘子法（Method of Multipliers）有共同之处，包含了最小化 x 的步骤（2.14），最小化 z 的步骤（2.15），以及更新对偶变量 y 的过程（2.16）。在乘子法中，更新对偶变量的步长与增广 Lagrange 函数中的参数 ρ 相同。

乘子法的具体形式如下：

$$(x^{k+1}, z^{k+1})=\underset{x,z}{\operatorname{argmin}} L_\rho(x, z, y^k),$$

$$y^{k+1}=y^k+\rho(Ax^{k+1}+Bz^{k+1}-c)$$

这里，需要将增广 Lagrange 函数同时对两个初始变量 x 和 z 求最小。而在 ADMM 算法中，x 和 z 是交替按顺序更新的，这也是为何将其称为交替方向乘子法。

下面我们给出 ADMM 算法的最优性条件与停止准则。首先定义原始残差：

$r = Ax + Bz - c$

可以得到：

$$y^T r + (\rho/2)\|r\|_2^2 = (\rho/2)\|r + (1/\rho)y\|_2^2 - (1/2\rho)\|y\|_2^2$$
$$= (\rho/2)\|r + u\|_2^2 - (\rho/2)\|u\|_2^2$$

其中 $u = (1/\rho)y$，是一个测度对偶变量，利用 u 可将 ADMM 算法改写为如下形式：

$$x^{k+1} = \arg\min_x (f(x) + (\rho/2)\|Ax + Bz^k - c + u^k\|_2^2),$$
$$z^{k+1} = \arg\min_z (g(z) + (\rho/2)\|Ax^{k+1} + Bz - c + u^k\|_2^2),$$
$$u^{k+1} = u^k + Ax^{k+1} + Bz^{k+1} - c$$

定义剩余残差的第 k 次迭代为 $r^k = Ax^k + Bz^k - c$，可以得到：

$$u^k = u^0 + \sum_{j=1}^{k} r^j$$

ADMM 算法充分必要的最优性条件为：

$$Ax^* + Bz^* - c = 0 \tag{2.17}$$
$$0 \in \partial f(x^*) + A^T y^*$$
$$0 \in \partial g(z^*) + B^T y^* \tag{2.18}$$

其中公式（2.17）为原始可行性条件，公式（2.18）为对偶可行性条件。这里，∂ 为次微分算子，当 f 和 g 都可微的时候，次微分 ∂f 和 ∂g 可以改写为 ∇f 和 ∇g。

定义第 $k+1$ 次迭代的对偶残差为：

$$s^{k+1} = \rho A^T B(z^{k+1} - z^k)$$

与原始残差和对偶残差相关的 ADMM 算法停止准则如下：

$$\|r^k\|_2 \leqslant \varepsilon^{pri}, \quad \|s^k\|_2 \leqslant \varepsilon^{dual}$$

其中，$\varepsilon^{pri} > 0$，$\varepsilon^{dual} > 0$。

定理 2.5[115] 假设实值函数f：$R^n \to R \cup \{+\infty\}$ 和g：$R^m \to R \cup \{+\infty\}$ 都是闭的、凸的，同时未增广的 Lagrange 函数 L_0 有一个鞍点，则下面结论成立：

（1）原始残差是收敛的。当 $k \to \infty$ 时，$r^k \to 0$，意味着，此迭代方法是可行的。

（2）目标函数是收敛的。当 $k \to \infty$ 时，$f(x^k)+g(z^k) \to p^*$，也就是在迭代过程中目标函数可以取得最优值。

（3）对偶残差是收敛的。当 $k \to \infty$ 时，$y^k \to y^*$，其中 y^* 是对偶最优值。

2.3.2 Armijo 线搜索算法

线搜索（Line Search）或称一维搜索，是最优化（Optimization）算法中的一个基础步骤/算法[116]。线搜索方法最重要的两个要素：确定搜索方向和计算搜索步长。搜索方向决定了方法的收敛速度，而搜索步长则可以保障在下降方向上，算法的收敛性。它可以分为精确的一维搜索以及不精确的一维搜索两大类。

考虑下述无约束最优化问题：

$$\min_{x \in R^n} f(x)$$

其中f：$R^n \to R$ 是实值函数。

设f是连续可微函数，x^k 是算法生成的第 k 次迭代点，$\nabla f(x^k) \neq 0$。设 $d^k \in R^n$ 是一个搜索方向，满足$f(x^k)^T d^k < 0$，下面的线搜索原则都基于此假设。我们分别给出精确线搜索和 Armijo 非精确线搜索。

对于精确线搜索，步长 $\alpha_k > 0$ 需要满足：

$$f(x^k + \alpha_k d^k) = \min_{\alpha \geq 0} f(x^k + \alpha d^k)$$

这一线搜索在 $R_+ = \{t \mid t \geq 0\}$ 上求 $\phi(t) = f(x^k + td^k)$ 的全局极小，这对于复杂函数f而言是非常困难的，甚至是不可能实现的，因此这种线搜索往往被理解为 α_k 是 ϕ 在 R_+ 上的一个局部极小点，甚至 α_k 是 ϕ 在 R_+ 上的一个稳定点即可。

显而易见，不论怎样理解精确线搜索，都有下述性质成立：

$f(x^k+\alpha_k d^k)^T d^k=0$

在 Armijo 非精确搜索中，步长 $\alpha_k=\bar{\alpha}\rho^{m_k}$，$m_k$ 是满足下式的第一个非负整数 m：

$f(x^k+\bar{\alpha}\rho^m d^k)-f(x^k)\leqslant c\bar{\alpha}\rho^m\nabla f(x^k)^T d^k$

其中 $\bar{\alpha}>0$，ρ，$c\in$（0，1）。

注意 Armijo 线搜索满足下面的两个不等式：

$f(x^k+\alpha_k d^k)-f(x^k)\leqslant c\alpha_k\nabla f(x^k)^T d^k$，

$f(x^k+\rho^{-1}\alpha_k d^k)-f(x^k)\geqslant c\rho^{-1}\alpha_k\nabla f(x^k)^T d^k$

这两个不等式在收敛性的证明中起着不可或缺的作用。

2.3.3 模拟退火算法

模拟退火算法（Simulated Annealing，SA）最早的思想是由 N. Metropolis 等于 1953 年提出[117]。20 世纪 80 年代早期，S. Kirkpatrick 等和 Cerny 各自独立地将退火思想引入组合优化领域，目前已得到了广泛的实际应用。此算法是局部搜索算法的推广，理论上来说，它是全局最优算法。作为基于 Monte - Carlo 迭代求解策略的随机寻优算法，其出发点是物理中固体退火降温过程与一般组合优化问题之间的相似性。SA 算法是从某一较高初温出发，在温度参数不断下降的过程中结合概率突跳特性，在解空间中随机寻找出全局最优解，即在目标函数的局部最优解处能概率性地跳出，避免搜索过程陷入局部最优。当温度参数逐渐减小并趋于零时，系统趋于全局最优解。已证明 SA 算法在一定条件下以概率 1 收敛于全局最优解。

SA 算法是通过在搜索过程中，赋予一种时变且最终趋于零的概率突跳性，从而有效地避免搜索过程陷入局部极小，并最终趋于目标函数全局最优的串行结构优化算法[118]。

SA 算法的思想来源于固体退火降温过程。即将固体加温至充分高，再让其徐徐冷却，加热固体时，其内部粒子随着温度的升高变为无序状态，内能增大，而冷却时粒子渐渐趋于有序，在每个温度下都达到热平衡状态，最后在常温时达到基态，内能降低为最小。算法采用 Metropolis 准则，确保粒子在温度 T 时趋于平衡的概率为 exp（$-\Delta E/kT$），其中 E 为温度 T 时固体的内能，ΔE 为内能改变量，k 为 Boltzmann 常数。用固体退火过程来模拟组合优化问题的求解，将内能 E 看成目标函数值 f，温度 T 模拟为控制参数 t，即得到求解组合优化问题的模拟退火算法：由初始解 i 和温控参数初值 t 开始，对当前解重复"产生新解→计算目标函数值之差→接受或舍弃新解"的迭代，逐步衰减 t 值，则算法终止时的当前解，即为所得到的近似最优解，这是基于 Monte－Carlo 迭代求解法的一种启发式随机搜索过程。退火过程由冷却进度表所控制，包括温控参数初值 t 及衰减因子 Δt、每个 t 值时的迭代次数 L 和停止准则 S。

SA 算法新解的产生、接受和舍弃可分为下述四个步骤：

第一步是目标函数从当前解处产生一个位于解空间的新解；为了便于后续计算以减少算法耗时，通常选择将当前解经过简单变换产生新解的方法。例如对构成解的全部或部分元素进行置换、互换等得到新解，注意到产生新解的变换方法决定了当前新解的邻域结构，对冷却进度表的选取有一定的影响。

第二步是计算当前解与产生新解所对应的目标函数之差。因为目标函数差取决于变换部分，所以目标函数差的计算一般按增量形式计算。事实验证，对大多数应用而言，这是求得目标函数差的最快方法。

第三步是判断新解是被接受还是被舍弃。判断的依据是制定一个合理的接受准则，最常用的是 Metropolis 准则：若 $\Delta T<0$ 则接受 S' 作为新的当前解 S，否则以概率 exp（$-\Delta T/T$）接受 S' 作为新的当前解 S。

第四步是当新解被确定为接受时，用新解替换当前解。只需将当前解中对应于产生新解时的变换过程予以实现，同时修正目标函数值。此时，实现了对当前解的一次迭代。可在此基础上开始下一轮迭代。而当新解被判定为舍弃时，则在原来的当前解的基础之上继续下一轮迭代。

SA 算法与初始值的选取无关，算法最终得到的解与初始解状态 S（即算法迭代的起点）无关；SA 算法具有渐近收敛性，且具有并行性。

2.3.4 马尔可夫决策过程

马尔可夫决策过程（Markov Decision Process，MDP）也称随机动态规划，是求解随机动态决策问题的基本理论与方法[119]。所谓动态决策问题是指包含多个决策问题，而这些决策问题有先后次序（也称为序贯决策），前一个决策问题的决策影响后一个决策问题；随机动态决策问题则是指动态决策相互之间的影响是随机的。在实际问题中，存在着大量的随机动态决策问题。马尔可夫决策分为静态（单阶段）决策和动态（多阶段）决策。本书中我们主要用到的是多阶段动态决策。

多阶段动态决策问题是指有多个阶段（或周期），每个阶段都有一个决策问题。自然，如果多个阶段的决策是互不相关的，那就是多个单阶段决策问题。通常在说到多阶段决策问题时，我们是指不同阶段的决策问题之间是相互关联的，其中最简单的一类问题是：本阶段的状态与决策仅影响下一阶段的状态，这有点像链条一样，一环套一环。

设共有 $N+1$ 个阶段，标记为 $n=0, 1, \cdots, N$，其中将开始阶段标记为 0。设阶段 n 的决策问题为：

$$\{S_n, (A_n(i), i \in S_n), r_n(i, a)\}$$

式中，各元有下标 n，表示是阶段 n。其中 S_n 为第 n 阶段状态集，$A_n(i)$ 为在状态 i 处的决策集，$r_n(i, a)$ 为在状态 i 时，选择决策 a 时的期望报酬，即报酬函数。当系统在阶段 n 处于状态 $i \in S_n$，选择决策 $a \in A_n(i)$ 时，系统除了在该阶段获得报酬 $r_n(i, a)$ 之外，还影响系统下一阶段的状态，设系统在阶段 $n+1$ 时的状态为 T_n（i，a）$\in S_{n+1}$。因此，多阶段动态决策问题有五个组成部分，即：

$$S_n,\ (A_n(i),\ i \in S_n),\ r_n(i,\ a),\ T_n(i,\ a),\ n=0,\ 1,\ \cdots,\ N,\ V \tag{2.19}$$

式中，目标函数 V 的常见情形是使各个阶段的报酬之和达到最大。通常称公式（2.19）为动态规划模型。

在每一步，决策者需要在一个适定的选项集合上采取行动，此行动会影响下一步的转移概率并产生直接的收益（或损失）和后续的收益（或损失），决策者面对的问题是要决定一个行动的序列使总收益最大。MDP 可以概括如下[120]：

（1）在阶段 n，观察到马尔可夫链的某个状态 i；

（2）在观察到此状态后，从可能的决策集合 A_n（i）中选取行动，记为行动 k，不同状态下可能的行动的集合可以不同；

（3）根据当前的状态 i 和采取的行动 k 产生直接的收益（或损失）$q_i^{(k)}$；

（4）转移概率 $p_{ji}^{(k)}$ 会受到行动 k 的影响；

（5）当阶段参数 n 增加时，转移会再次发生，重复上面的（1）至（4）步。

策略 D 就是采取行动的规则，它规定此过程自始至终应该采取的决策。已知当前状态 i，一个最优策略 v_i（n）的值定义为由 n 个决策或剩下的转移获得的预期收益的总和，在只剩一个周期的情况下，即 $n=1$，最优策略的值为：

$$v_i(1) = \max_{k \in A_i} \{ q_i^{(k)} \} \tag{2.20}$$

因为只剩余一个周期，所以会采取使直接收益最大的行动。在剩余两个周期的情况下，我们有：

$$v_i(2) = \max_{k \in A_i} \{ q_i^{(k)} + \alpha \sum_j p_{ji}^{(k)} v_j(1) \} \tag{2.21}$$

这里 α 是折扣因子，因为后续收益与转移概率相关，而转移概率又会受到所采取的行动的影响，所以最优策略不只需要考虑直接收益，还需要考虑后续收益，若还剩余 n 个转移，很容易将模型扩展成更一般的形式。

$$v_i(n) = \max_{k \in A_i}\{q_i^{(k)} + \alpha \sum_j p_{ji}^{(k)} v_j(n-1)\} \tag{2.22}$$

由式（2.22）可知，v_i（n）的后续收益定义为 v_j（$n-1$）的期望值，由于余下的转移的次数可数或是有限的，我们称此过程为折扣有限阶段马尔可夫决策过程。对于无限阶段马尔可夫决策过程，可将最优策略的值表示为：

$$v_i = \max_{k \in A_i}\{q_i^{(k)} + \alpha \sum_j p_{ji}^{(k)} v_j\} \tag{2.23}$$

有限阶段马尔可夫决策过程是一个动态规划的问题，而无限阶段马尔可夫决策过程可以转化为一个线性规划的问题。

第3章　单个时刻基于ADMM算法的实时电价策略

社会福利最大化模型，若不考虑周期内前后两时刻间的相互关联性，则可将问题离散为单个时刻予以研究，将问题简化。求解实时电价定价策略，则可以有效地调动用户参与电力运行与管理的积极性。本章从单个时刻的社会福利最大化模型出发求解实时电价定价策略。基于模型为凸优化问题，在边界处取得最优解，则不等式约束条件可等价转化为等式约束。给出对偶问题中 Lagrange 乘子存在性与唯一性的理论证明。在带有高斯回代（Gaussian Back Substitution，GBS）的 ADMM 算法基础之上，设计一种分布式最优化实时电价算法，并证明其收敛性。

3.1　引言

利用单个时刻的社会福利最大化模型，给出实时电价定价策略则能有效地调动用户参与电网运行的积极性。现有方法大都采取对偶次梯度算法，受固定步长的影响，此算法收敛速度慢，甚至出现不收敛的现象[89]。

为了克服这一缺陷，许多学者引入ADMM算法求解此模型[90-94]。Tsai等[90]提出了随机ADMM算法求解大规模用户情况下的实时电量均衡问题。Tan等[91]给出三种分布式ADMM算法求解带有需求响应的动态DC最优化电量分配问题。Feng等[92]提出了一种将电压调节到法定范围的配电系统短期控制策略。然而，Tsai等[90]和Tan等[91]直接将ADMM算法从适用于两个可分离变量的形式推广到多个可分离变量的情况，直接推广并不能保证算法是收敛的[121]。Feng等[92]和Wang等[93]建立的模型可以较好地解决需求响应问题，但是他们并没有明确给出实时电价方案。Wang等[93]基于ADMM算法建立的分布式方法并没有与对偶次梯度算法作对比，所设计算法的优越性没有得到更好的体现。本章我们设计一种分布式最优化实时电价方法，此方法建立在带有GBS的ADMM算法基础之上，给出实时电价策略并将所设计的算法与对偶次梯度算法作对比，验证算法的优越性。

3.2 系统模型

考虑一个电力系统，包含一个供电商多个用户的情况。供电商与用户通过信息交换设备相连接。下面简单介绍要用到的基本符号，假设将时间周期划分为K个时间段，每个时刻$k \in K = \{1, 2, \cdots, K\}$，每个用户$i \in \mathrm{N} = \{1, 2, \cdots, N\}$。令$x_i(k)$表示用户$i$在时刻$k$的电量消耗，电量消耗$x_i(k)$的范围为$[m_i^k, M_i^k]$，其中$m_i^k \geqslant 0$且$M_i^k \geqslant 0$，分别表示用户$i$在时刻$k$的最小用电量以及最大用电量。

社会福利最大化模型体现了用户的总体效用最大值，同时也保证了供电商供电成本最小化，模型（3.1）是多个时刻的社会福利最大化模型，但是时刻之间并无关联，可以简单地离散为单个时刻的社会福利最大化模型，描述如下：

$$\max \sum_{i=1}^{N} U_i(x_i(k)) - C_k(G_k)$$
$$\text{s.t.} \sum_{i=1}^{N} x_i(k) \leqslant G_k,$$
$$m_i^k \leqslant x_i(k) \leqslant M_i^k,$$
$$G_k^{\min} \leqslant G_k \leqslant G_k^{\max} \tag{3.1}$$

第一个不等式约束条件保证了在时刻 k 时，用户实际电量消耗总和不能超过供电商的供电量，剩下两个约束给出了变量 x_i（k）和 G_k 的变化范围。用户的效用函数选取二次函数，如公式（2.2）所示，可知效用函数为凹函数。供电商的成本函数选取为公式（2.4），成本函数为凸函数。约束条件为线性仿射约束，可得约束集合为凸集，这样问题（3.1）就是在凸集上求解凹函数的最大值问题，也就是一个凸优化问题。

通常来说，凸优化问题（3.1）可以采用集中式算法获得全局最优解，如内点法（Interior Point Method）。但是集中式算法需要在供电侧收集所有参数的信息，这在实际操作中是很难做到的，甚至是不可行的，因为用户需要保护自身的隐私。进一步地，当用户规模巨大时，信息交换的过程会产生难以预料的大数据，这也使集中式算法不再适用于求解这类实时电价问题。为了克服集中式算法的这些缺陷同时提高信息交换的速度，使模型具有可行性，我们将设计一种分布式最优化算法，此算法建立在带有 GBS 的 ADMM 算法的基础之上。利用所设计的算法，可以对问题（3.1）采用分布式方法进行求解。

ADMM 算法要求问题中的约束条件为等式约束，接下来我们需要证明问题（3.1）的最优解将在约束条件的边界处取得，即不等式约束问题等价于等式约束问题。

在电网实际运行中，依赖于电价而变化的用户的用电需求量是不饱和的。效用函数是单调增加的，此特性确保了在相同生产电量的前提下，用户的用电量越多就会产生更多的效用，同时获得更多的社会福利。因此，可知问题在边界处取得最优解。这意味着不等式约束可以简化为等式约束，即在时刻 k 时，用户的用电量总和与供电商的生产电量相等。这样，单个时刻的社会福利最大化模型（3.1）等价于问题（3.2），如下所示：

$$\begin{aligned}
&\min C_k(G_k) - \sum_{i=1}^{N} U_i(x_i(k)) \\
&\text{s.t.} \sum_{i=1}^{N} x_i(k) = G_k, \\
&m_i^k \leqslant x_i(k) \leqslant M_i^k, \\
&G_k^{\min} \leqslant G_k \leqslant G_k^{\max}
\end{aligned} \tag{3.2}$$

在等式约束问题（3.2）中，与 G_k 相关的成本函数是凸的，与 x_i（k）相关的效用函数是凹的，这个形式适用于 ADMM 算法。接下来我们会给出基于 ADMM－GBS 的分布式最优化算法求解问题（3.2）。

3.3　Lagrange 乘子

为了使次梯度算法更加具有鲁棒性，同时降低对目标函数的要求，不需要严格凸或者是有限的，我们给出增广 Lagrange 函数。问题（3.2）的增广 Lagrange 函数如下：

$$\begin{aligned}
L_\rho(X_k, G_k, \lambda_k) = {} & C_k(G_k) - \sum_{i=1}^{N} U_i(x_i(k)) - \lambda_k\left(G_k - \sum_{i=1}^{N} x_i(k)\right) + \\
& \frac{\rho}{2}\left\| G_k - \sum_{i=1}^{N} x_i(k)\right\|^2
\end{aligned} \tag{3.3}$$

其中 $X_k=(x_1(k),\ x_2(k),\ \cdots,\ x_N(k))$，$\lambda_k\geqslant 0$［不等式约束问题（3.1）的 Lagrange 乘子是非负的，我们会在后面的定理中证明 Lagrange 乘子是唯一存在的。问题（3.1）与问题（3.2）是等价的，有相同的最优解，这些确保了等式约束问题（3.2）的 Lagrange 乘子满足条件 $\lambda_k\geqslant 0$］是 Lagrange 乘子，也是经济学中提到的影子价格，这里，代表实时的电力价格。

接下来，我们给出增广 Lagrange 函数与 Lagrange 函数的关联性。记：

$$L_0(X_k,G_k,\lambda_k)=C_k(G_k)-\sum_{i=1}^{N}U_i(x_i(k))-\lambda_k\Big(G_k-\sum_{i=1}^{N}x_i(k)\Big) \tag{3.4}$$

公式（3.4）是问题（3.2）的标准的、未增广的 Lagrange 函数。增广 Lagrange 函数（3.3）可以看作下面问题的 Lagrange 函数：

$$\min C_k(G_k)-\sum_{i=1}^{N}U_i(x_i(k))+\frac{\rho}{2}\Big\|G_k-\sum_{i=1}^{N}x_i(k)\Big\|^2$$

$$\text{s.t.}\ \sum_{i=1}^{N}x_i(k)=G_k \tag{3.5}$$

当 $x_i(k)$ 取值为可行解时，目标函数中的罚项为零，则问题（3.5）等价于问题（3.2）。问题（3.5）中的罚项可以理解为用户用电量的不确定性。在目标函数中加入罚项可以确保函数是可微的，降低了对原来函数的要求。

接下来，我们给出与问题（3.2）对应的 Lagrange 乘子，存在性与唯一性的理论证明。

定理 3.1 对于给定的 $\overline{G}_k\in G\subseteq R$，问题（3.1）的局部最优解为 $\bar{x}_k=(\bar{x}_1(k),\ \bar{x}_2(k),\ \cdots,\ \bar{x}_N(k))\in R^N$，其相应的 Lagrange 乘子为 $\overline{\lambda}_k\geqslant 0$。假设 $(\bar{x}_i(k),\ \overline{G}_k,\ \overline{\lambda}_k)$ 为鞍点，则当 $(\bar{x}_i(k),\ \overline{G}_k,\ \overline{\lambda}_k)$ 满足带有乘子 λ_k 的 KKT（Karush－Kuhn－Tucker）条件时：

$$\begin{cases} U'_i(\bar{x}_i(k)) - \bar{\lambda}_k = 0, i \in \mathrm{N}, \\ C'_k(\bar{G}_k) - \bar{\lambda}_k = 0, \\ \bar{\lambda}_k(\bar{G}_k - \sum_{i=1}^{N} \bar{x}_i(k)) = 0, \\ \bar{G}_k - \sum_{i=1}^{N} \bar{x}_i(k) \geqslant 0, \\ \bar{\lambda}_k \geqslant 0 \end{cases} \tag{3.6}$$

在 $\bar{G}_k$ 的邻域 $\Omega \in G$ 内，满足 KKT 条件（3.6）的 Lagrange 乘子存在且唯一。

（1）存在性：社会福利最大化模型建立在智能电网实际问题基础之上，因此问题一定存在一个最优解。这个结论在 Samadi 等[84]的研究中也有提到。由定理2.3（鞍点定理）中最优解存在的充要条件可得鞍点是存在的。这样问题（3.1）的满足 Slater 条件的 Lagrange 乘子是存在的，此结论成立。

此外，满足 KKT 条件（3.6）的 Lagrange 乘子具有唯一性。下面我们给出严格的理论证明。

（2）唯一性：给定 $g(X_k, G_k) = \sum_{i=1}^{N} x_i(k) - G_k$，可以验证 $g(X_k, G_k)$ 满足下面三个条件：

1）二阶充分性条件。

由于$\nabla^2_{X_k} L_0(\bar{x}_k, \bar{G}_k, \bar{\lambda}_k) = \mathrm{diag}(\alpha_1, \alpha_2, \cdots, \alpha_N)$，$\alpha_i > 0$，可知$\nabla^2_{X_k} L_0(\bar{x}_k, \bar{G}_k, \bar{\lambda}_k)$是一个正定矩阵，毫无疑问，结论$[y, \nabla^2_{X_k} L_0(\bar{x}_k, \bar{G}_k, \bar{\lambda}_k) y] > 0$，$y \neq 0$，$y \in C_k^{\bar{S}}(\bar{x}_k, \bar{G}_k)$是成立的，其中：

$C_k^{\bar{S}}(\bar{x}_k, \bar{G}_k) = \{y \in R^n \mid [\nabla_X g(\bar{x}_k, \bar{G}_k), y] = 0, \bar{\lambda}_k > 0,$

$[\nabla_{X_k} g(\bar{x}_k, \bar{G}_k), y] \leqslant 0, g(\bar{x}_k, \bar{G}_k) = 0, \bar{\lambda}_k \leqslant 0\}$

2）线性独立约束规范。

可见，问题（3.1）只有一个约束条件，且$\nabla_{X_k} g(\bar{x}_k, \bar{G}_k) \neq 0$，即约束

条件的梯度不为零，换句话说，约束条件是线性无关的。

3）严格互补性。

问题（3.1）是对智能电网的实际问题进行建模，Lagrange 乘子 λ_k 是经济学中的影子价格，基于此，可知此条件成立。这意味着，在实际问题中，电力生产还没有达到用户用电饱和的程度。效用函数是单调增加的，随着供电商生产电量的增加，总体的社会福利值一定是增加的。即 $g(\bar{x}_k, \bar{G}_k)=0$ 等价于 $\bar{\lambda}_k>0$。

满足上面三个基本条件时，由定理 3.32[110] 可知，在 $\bar{G}_k$ 的某个邻域 Ω 内，存在连续可微函数 $x_i(\cdot): \Omega \to R$ 和 $\lambda_k(\cdot): \Omega \to R$ 满足 $x_i(\bar{G}_k)=\bar{x}_i(k)$ 和 $\lambda_k(\bar{G}_k)=\bar{\lambda}_k$。这意味着，当参变量 $\bar{G}_k$ 发生微小变化时，局部最优解与相应的 Lagrange 乘子都是局部唯一存在的，并且各自的变化曲线也都是光滑的。定理得证。

定理 3.1 说明问题（3.1）有唯一非负的 Lagrange 乘子，这确保了等式约束问题（3.2）有一个唯一的非负的 Lagrange 乘子。由于两个问题等价，问题（3.1）的最优解可以通过求解（3.2）而得到。

3.4 基于 ADMM－GBS 的分布式最优化算法

ADMM 算法是求解两个可分离变量的凸优化问题的有效工具，在 Tsai 等[90]、Tan 等[91]、Feng 等[92]、Wang 等[93]和 Nguyen 等[94]研究中此算法被广泛研究。但是此算法不适用变量个数多于两个的情况，直接将 ADMM 算法推广到多个变量的凸优化问题中，并不能保证算法的收敛性，有必要对算法进行修正。He 等[121]和 Setzer 等[122]对基本的 ADMM 算法做了修正，并将修正的算法应用到很多情况中。

受He[121]研究中改进算法的启发，我们给出基于ADMM－GBS算法的分布式最优化算法求解问题（3.2）。首先，定义一些算法中要用到的基本矩阵。对于给定的正数，当$j=1, 2, \cdots, N+1$时，$\beta>0$；$r_j \geqslant \beta$，令：

$$M=\begin{pmatrix} r_1 & 0 & \cdots & \cdots & 0 \\ \beta & r_2 & \vdots & \vdots & 0 \\ \vdots & \vdots & \vdots & \vdots & \vdots \\ -\beta & \cdots & -\beta & r_{N+1} & 0 \\ 0 & 0 & \cdots & 0 & \frac{1}{\beta} \end{pmatrix} \tag{3.7}$$

公式（3.7）中定义的矩阵M是一个非奇异的下三角矩阵，进一步地，令：

$$H=\mathrm{diag}\left(r_1, r_2, \cdots, r_{N+1}, \frac{1}{\beta}\right) \tag{3.8}$$

显然，定义在（3.8）中的H是一个正定的对角矩阵。由矩阵M和H的定义，有下面结果成立：

$$H^{-1}M^T=\begin{pmatrix} 1 & \frac{\beta}{r_1} & \frac{\beta}{r_1} & \cdots & -\frac{\beta}{r_1} & 0 \\ 0 & 1 & \frac{\beta}{r_2} & \vdots & -\frac{\beta}{r_2} & 0 \\ \vdots & \vdots & \vdots & \vdots & \vdots & \vdots \\ 0 & \vdots & \vdots & 1 & -\frac{\beta}{r_N} & 0 \\ 0 & \cdots & 0 & 0 & 1 & 0 \\ 0 & \cdots & 0 & 0 & 0 & 1 \end{pmatrix} \tag{3.9}$$

易知，矩阵$H^{-1}M^T$是一个上三角矩阵，且对角元素均为1。有了这些预备知识，我们给出求解问题（3.2）的算法步骤。

基于ADMM－GBS的分布式最优化算法：每个用户在给定的电价基

础上计算出最佳用电量 $x_i^t(k)$，将信息传送给供电商，供电商结合 G_k^t 和 λ_k^t，给出初始的迭代 $\zeta_k^t=(x_1^t(k), x_2^t(k), \cdots, x_N^t(k), G_k^t, \lambda_k^t)$，新迭代 $\zeta_k^{t+1}=(x_1^{t+1}(k), x_2^{t+1}(k), \cdots, x_N^{t+1}(k), G_k^{t+1}, \lambda_k^{t+1})$ 由下面步骤生成：

步骤1：利用 ADMM 算法得到 $\tilde{\zeta}_k^t=(\tilde{x}_1^t(k), \tilde{x}_2^t(k), \cdots, \tilde{x}_N^t(k), \tilde{G}_k^t, \tilde{\lambda}_k^t)$，以交替方向的方式进行迭代，如下：

$$\tilde{x}_i^t(k)=\arg\min\{-\hat{U}_i(x_i(k))+\frac{r_i}{2}\|x_i(k)-(x_i^t(k)+\frac{1}{r_i}q_i^k)\|^2 \mid x_i(k)\in[m_i^k, M_i^k]\} \tag{3.10}$$

$$\tilde{G}_k^t=\arg\min\{C_k(G_k)+\frac{r_{N+1}}{2}\|G_k-(G_k^t-\frac{1}{r_{N+1}}q_{G_k})\|^2 \mid G_k\in[G_k^{\min}, G_k^{\max}]\} \tag{3.11}$$

$$\tilde{\lambda}_k^t=\lambda_k^t-\beta\left(\tilde{G}_k^t-\sum_{j=1}^{N}\tilde{x}_j^t(k)\right) \tag{3.12}$$

对于 $i=1, 2, \cdots, N$：

$$q_i^k=\lambda_k^t-\beta\left(\sum_{j=1}^{i-1}\tilde{x}_j^t(k)+G_k^t-\sum_{j=i}^{N}x_j^t(k)\right) \tag{3.13}$$

且

$$q_{G_k}=\lambda_k^t-\beta\left(G_k^t-\sum_{j=1}^{N}\tilde{x}_j^t(k)\right) \tag{3.14}$$

步骤2：令 $\upsilon\in(0, 1)$，利用下面的 Gaussian 回代过程修正步骤 1 的迭代结果 $\tilde{\zeta}_k^t$，并得到新的迭代 ζ_k^{t+1}：

$$H^{-1}M^T(\zeta_k^{t+1}-\zeta_k^t)=\upsilon(\tilde{\zeta}_k^t-\zeta_k^t) \tag{3.15}$$

步骤3：停止准则：

$$|\lambda_k^{t+1}-\lambda_k^t|<\varepsilon_1, \quad |\zeta_k^{t+1}-\zeta_k^t|<\varepsilon_2 \tag{3.16}$$

下面给出所设计的基于 ADMM – GBS 的分布式最优化算法的收敛性证明，证明过程中要用到的对称的、半正定矩阵定义如下：

$$Q=\begin{pmatrix}\beta & \beta & \cdots & \beta & -\beta & 1\\ \vdots & \vdots & \vdots & \vdots & \vdots & \vdots\\ \beta & \beta & \cdots & \beta & -\beta & 1\\ -\beta & -\beta & \cdots & -\beta & \beta & -1\\ 1 & 1 & \cdots & 1 & -1 & \frac{1}{\beta}\end{pmatrix} \tag{3.17}$$

定理 3.2 假设给定迭代 $\zeta_k^t=(x_1^t(k), x_2^t(k), \cdots, x_N^t(k), G_k^t, \lambda_k^t)$，$\forall k\in K$，由 ADMM 算法的迭代步骤公式（3.10）至公式（3.12）可得 $\tilde{\zeta}_k^t=(\tilde{x}_1^t(k), \tilde{x}_2^t(k), \cdots, \tilde{x}_N^t(k), \tilde{G}_k^t, \tilde{\lambda}_k^t)$，且 $\{\zeta_k^t\}$ 为由给定算法所得的迭代序列。设 $\|x\|_Q:=\sqrt{x^TQx}$，对于 $\forall\zeta_k^*\in R^{N+2}$，我们有：

$$(\zeta_k^t-\zeta_k^*)^TM(\zeta_k^t-\tilde{\zeta}_k^t)\geqslant\frac{1}{2}\|\zeta_k^t-\tilde{\zeta}_k^t\|_H^2+\frac{1}{2}\|\zeta_k^t-\tilde{\zeta}_k^t\|_Q^2 \tag{3.18}$$

和

$$\|\zeta_k^{t+1}-\zeta_k^*\|_G^2\leqslant\|\zeta_k^t-\zeta_k^*\|_G^2-c_0(\|\zeta_k^t-\tilde{\zeta}_k^t\|_H^2+\|\zeta_k^t-\tilde{\zeta}_k^t\|_Q^2) \tag{3.19}$$

其中 $G=MH^{-1}M^T$，且 $c_0=\upsilon(1-\upsilon)>0$。进一步，迭代序列 $\{\zeta_k^t\}$ 是单调的且满足 $\lim\limits_{t\to\infty}\zeta_k^t-\tilde{\zeta}_k^t=0$，$\{\zeta_k^t\}$ 收敛于问题（3.2）的最优解。

证明： 公式（3.15）可以重新改写为 $\zeta_k^{t+1}=\zeta_k^t-M^{-T}H\upsilon(\zeta_k^t-\tilde{\zeta}_k^t)$。由 He 等[121]的研究可知，结论（3.18）和结论（3.19）是成立的。依赖于结论（3.18），我们有：

$$[MH^{-1}M^T(\zeta_k^t-\zeta_k^*),\ M^{-T}H(\tilde{\zeta}_k^t-\zeta_k^*)]\leqslant-\frac{1}{2}\|\zeta_k^t-\tilde{\zeta}_k^t\|_{H+Q}^2$$

这确保了 $-M^{-T}H\upsilon(\zeta_k^t-\tilde{\zeta}_k^t)$ 是函数 $\frac{1}{2}\|\zeta-\zeta_k^*\|_G^2$ 在点 $\zeta=\zeta_k^t$ 的下降方向，当 $\tilde{\zeta}_k^t\neq\zeta_k^t$ 时，$\tilde{\zeta}_k^t$ 由迭代公式（3.10）至公式（3.12）所获得，其中 $\zeta_k^*\in R^{N+2}$ 且 $G=MH^{-1}M^T$。结论（3.19）说明迭代序列 $\{\zeta_k^t\}$ 在集合 R^{N+2} 内是收缩的，即 $\lim\limits_{t\to\infty}\zeta_k^t-\tilde{\zeta}_k^t=0$。这些结论足以说明所设计的分布式最优化算法是收敛的[121]。定理得证。

下面，表 3.1 给出了基于 ADMM – GBS 分布式最优化算法的具体运行步骤。

表 3.1　基于 ADMM – GBS 的分布式最优化算法

Step 1	当 $k \in K$ 时，每个用户 $i \in N$，初始化 $x_i^t(k) \in [m_i^k, M_i^k]$，且供电商向每个用户提供 $\lambda_k^t \geqslant 0$ 和 $G_k^t \geqslant 0$
Step 2	在每个时刻 k，每个用户做下面的事情： 1）利用公式（3.13）更新 q_i^k 2）求解（3.10）获得用电量 $\widetilde{x}_i^t(k)$ 3）将用电量 $\widetilde{x}_i^t(k)$ 的信息传递给每个用户以及供电商
Step 3	在每个时刻 k，每个供电商做下面的事情： 1）利用公式（3.14）更新 q_{G_k} 2）从所有用户处接收 $\widetilde{x}_i^t(k)$，求解（3.11）求得生产电量 $\widetilde{G}_k^t$，并且利用公式（3.12）更新 $\widetilde{\lambda}_k^t$ 3）将 $\widetilde{G}_k^t$ 和 $\widetilde{\lambda}_k^t$ 的信息传送给所有用户
Step 4	供电商利用公式（3.15）修正 $\widetilde{\zeta}_k^t$ 得到 ζ_k^t
Step 5	如停止准则（3.16）满足，则算法停止，否则重复 Step2 至 Step4

3.5　数值仿真

为了验证所设计的基于 ADMM – GBS 的分布式最优化算法的有效性，将算法多次运行，给出结果的均值。我们从 Open EI 上获取居民用户真实的用电数据[123]，对数据作分析，给出居民用户用电量的具体范围。

图 3.1 展示了一个居民用户一年时间内每小时的用电量，横轴为 24 小时，纵轴为一年的 365 天，用户用电量低时用深色表示，用电量高时用浅色表示。从图 3.1 中可以很容易找到一年中的用电尖峰时刻，同时也给出了用电量的范围 $x_i(k) \in [0.5, 4.5]$。

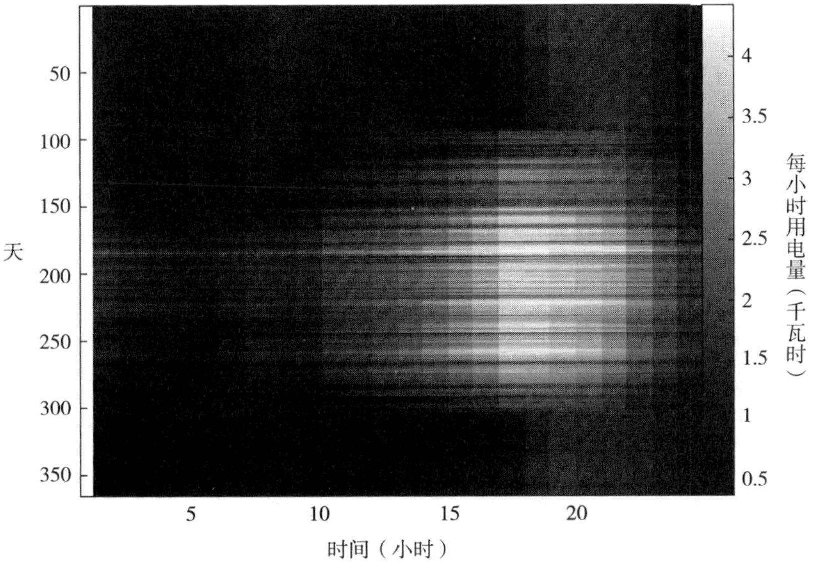

图 3.1　居民用户一年每小时用电量

考虑一个微网，假设某地区有一个电力供应商，居民用户数量为 $N=5$，用电周期为一天 24 小时，每个时刻以一小时为例。效用函数选取为如下二次凹函数，其中 $\omega_i(k) \in [1, 3.5]$。

$$U_i(x_i(k)) = \begin{cases} \omega_i(k)x_i(k) - \frac{1}{8}x_i(k)^2, & 0 \leqslant x_i(k) \leqslant 4\omega_i(k), \\ 2\omega_i(k)^2, & x_i(k) > 4\omega_i(k) \end{cases}$$

由于效用函数是二次的，且可行集是区间，则问题的精确解 $x_i^*(k)$，G_k^*

和 λ_k^* 可以求出来，其中 $\lambda_k^* = \dfrac{2a_k \sum_{i=1}^{N} \omega_i(k) + \alpha_i b_k}{2a_k N + \alpha_i}$，可得 $\lambda_k^{\min} \leqslant \lambda_k^* \leqslant \lambda_k^{\max}$，又因为 $\lambda_k^{\min} = \dfrac{2a_k N \cdot \min(\omega_i(k)) + \alpha_i b_k}{2a_k N + \alpha_i}$，$\lambda_k^{\max} = \dfrac{2a_k N \cdot \max(\omega_i(k)) + \alpha_i b_k}{2a_k N + \alpha_i}$，当 $N \to \infty$ 时，$\lambda_k^{\min} \to \min(\omega_i(k))$ 且 $\lambda_k^{\max} \to \max(\omega_i(k))$[87]。这样，可得电价的变化范围 $\lambda_k \in [1, 3.5]$，且弹性系数 $\omega_i(k)$ 的变化范围与电价相同。

在实际电力运行过程中，毫无疑问目标函数的值是大于零的，即意味着 $\sum_{i=1}^{N} U_i(x_i(k)) - C_k(G_k) \geqslant 0$。在此条件下，模型中的参数需要满足不等式：$\sum_{i=1}^{N} \left(\omega_i(k)\ m_i^k - \dfrac{\alpha_i}{2} m_i^k\right) - c + \dfrac{b_k^2}{4a_k} \geqslant a_k \left(\sum_{i=1}^{N} m_i^k + \dfrac{b_k}{2a_k}\right)^2$。

基于上述约束条件，我们假设用户 $i \in N$，其用电量 $x_i(k)$ 的变化范围为 [0.5，4.5]，成本函数的系数为 $a_k = 0.05$，$b_k = c_k = 0$，$\forall k \in K$。分两种情况分析讨论，一种取精度 $\varepsilon_1 = \varepsilon_2 = \varepsilon = 0.03$，另一种取精度 $\varepsilon_1 = \varepsilon_2 = \varepsilon = 0.001$。在时刻 k，内循环的终止条件为 $|\lambda_k^{t+1} - \lambda_k^t| < \varepsilon\ (\forall \varepsilon > 0)$，其中 ε 为任意小的正实数，当 ε 足够小时，迭代收敛于最优的实时电价 λ_k^t。

从图 3.2 以及图 3.3 中可以看到，精度 ε 的变化对对偶次梯度算法的收敛性有很大的影响。当 $\varepsilon = 0.001$ 时，参考电价（星形图标）在迭代 126 次时收敛，而当 $\varepsilon = 0.03$ 时，算法在迭代 30 次时收敛。可以看到 ε 越小，迭代次数越多，但是当 ε 变小时，可以得到总用电量（方形图标）与生产电量（圆形图标）更加接近，也就是得到的解更加接近最优解。当 ε 变大时，迭代速度变快，但是从图 3.3 中可以看到用户的总用电量与供电商的生产电量之间有一定的间隙，所得到的解并不是真实意义上的最优解。迭代速度依赖于 ε 变化很大，也说明在最优解附近，对偶次梯度算法收敛速度较慢。另外一个影响收敛性的是迭代步长 β，对偶次梯度算法受步长影响较明显，不同的步长会导致收敛速度变慢，同样的步长在不同的迭代过程也会导致算法不收敛。[89] 而我们设计的基于 ADMM – GBS 的分布式最优化算法可以有效地保

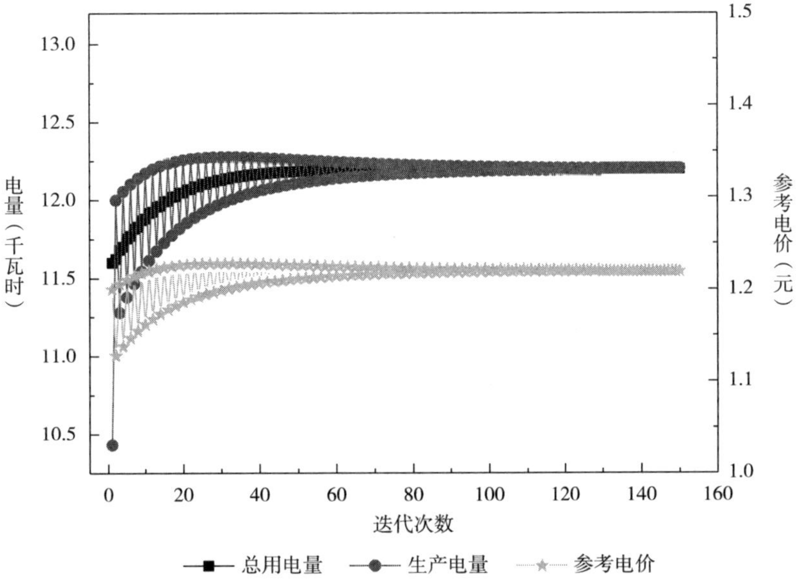

图 3.2　当 $\varepsilon = 0.001$ 时对偶次梯度算法的收敛性

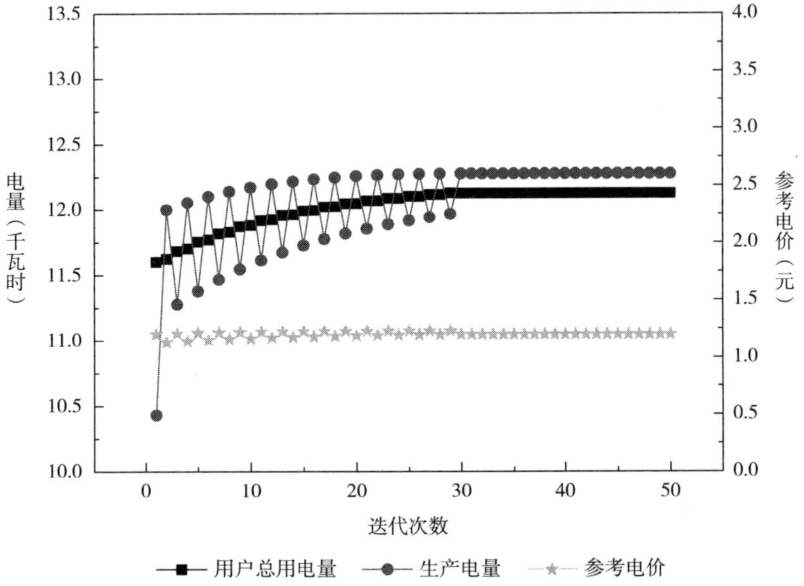

图 3.3　当 $\varepsilon=0.03$ 时对偶次梯度算法的收敛性

证算法是收敛的，由算法收敛的理论性证明可以看到这一点。我们算法中的步长 β 在区间 [0.01, 0.1] 内任意选取，且有 $r_j=\beta+\delta$，其中 δ 是在区间 [0, 0.1] 内任意选取。由步长 β 产生的偏差会在 GBS 过程被消除，这确保了算法的收敛性。

如图 3.4 所示，数值结果显示了当精度 $\varepsilon=0.001$ 时，我们所设计的基于 ADMM - GBS 的分布式最优化算法收敛速度快、节省时间。同时，结果验证了算法的收敛性不依赖于初值。在迭代开始时，电力价格（星形图标）非常低，与之密切相关的用户的总体用电量（方形图标）达到了一个高峰期，而供电商的生产电量（圆形图标）则处于一个初始的低谷期。在迭代过程中，随着电力价格的增加，用户的用电量与供电商的生产电量差距越来越小，最后达到均衡，两者相等。此算法很清晰地反映了变量间的依赖关系。从图 3.4 中，不但可以看出变量间的关系，还可以看到算法的收敛速度，比

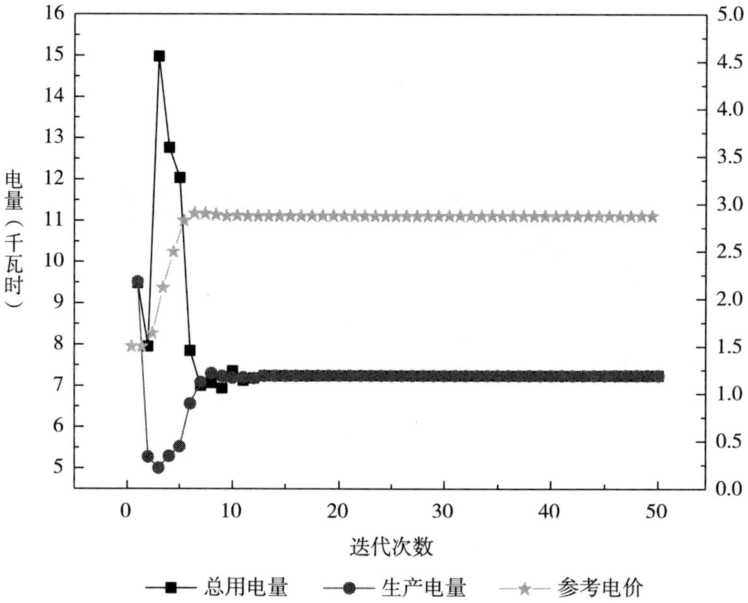

图 3.4　基于 ADMM – GBS 的分布式最优化算法的收敛性

图 3.2 和图 3.3 中的对偶次梯度算法快得多。当用户数量增加时，特别是大规模的用户，快速的收敛性是至关重要的，确保信息交换速度，达到实时的要求。

图 3.5 给出了时间周期（一天）内基于 ADMM – GBS 的分布式最优化算法的最优解，最佳生产电量（方形图标）、某个用户的用电量（圆形图标）和供电商制定电价可参考的实时电价（星形图标）。基于图 3.5，可以得到下面的结论。一方面，实时电价与用户的总用电量息息相关。实时电价的实施可以有效地引导和激励用户在低谷时刻用电。这不仅可以降低供电商的供电负载，实现削峰填谷的目标，也可以降低用户的电力费用。进而，达到节能减排、提高全社会福利的目标。另一方面，从数值结果可以明显看到一天时间周期内的三个用电高峰期，这也验证了算法的有效性和可行性。

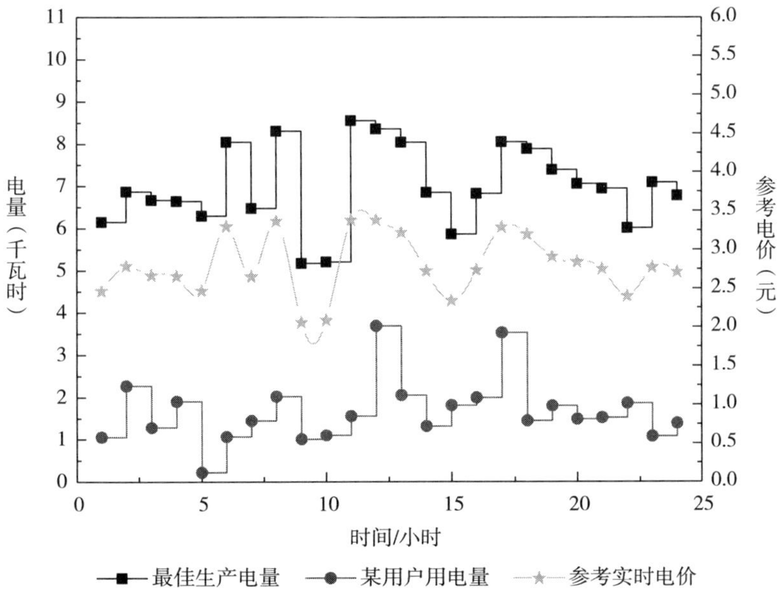

图 3.5　一天时间内分布式最优化算法的最优解

3.6 本章小结

本章提出了基于 ADMM - GBS 的分布式最优化算法求解单个时刻的社会福利最大化模型，给出实时电价定价策略。为了让对偶次梯度算法更具有鲁棒性，确保算法收敛，本章我们引入增广 Lagrange 函数。给出 Lagrange 乘子存在性与唯一性的理论证明，得到结论最优解以及乘子在局部区域内都是唯一存在的。基于 ADMM - GBS 的分布式最优化算法，充分利用了变量间的可分离性，并且提高了算法的收敛速度。此外，我们给出了所提出算法的收敛性证明。更重要的是，一方面，所提出的算法继承了对偶次梯度算法的分布式的优势，用户和供电商可以独立求解自己的用电量以及供电量，不但保护了用户的隐私，也提高了算法的计算速度。另一方面，算法克服了对偶算法中收敛速度慢甚至不收敛的缺陷。仿真结果表明：①实时电价机制可以引导用户积极地参与到电网运行当中，有效实现需求侧削峰填谷的目标，在全社会范围内实现节能减排；②验证了算法的有效性与合理性。

第4章　单个时刻考虑风险的实时电价策略

在单个时刻的社会福利最大化模型中，最大化用户总的效用，同时确保供电商供电成本最小，这是基本的比较理想的模型。在智能电网中，当发电量保持相对平稳时，用户电力总需求的不确定性成为影响实时电价的最主要因素。本章考虑用户电力总需求的动态变化，以社会福利最大化作为研究目标，改进已有在线实时电价风险模型中的用电风险项，将个体用户的用电量波动调整为全体用户电力总需求的波动，建立优化模型。通过对偶方法等价转换原优化问题，克服原有的在线算法不能求解用户总体用电量的困难，设计一种 RTP 算法对其求解，得到实时电价。

4.1　引言

在实时电价实施过程中，供给侧根据电力供需情况，实时制定电价，通过调整的实时价格信号引导用户、激励用户在低谷时段用电，削减峰值负荷，达到削峰填谷的目的，从而实现电力负荷需求的理想化，在节能减排的同时也降低用户的电费支出。理想状态下电网的供电量应与用户电力总需求保持基本平衡，但电网在实际运行过程中存在大量不确定因素[124-127]，其中以用户电力总需求的动态变化这一不确定因素最为重要，也正是本章研究的重点（所关注的问题）。

在智能电网中，当发电量保持相对平稳时，用户电力总需求的波动对电网就意味着一定的风险。若用户电力总需求低于发电量，则造成不必要的浪费；若电力总需求高于发电量，则会产生断网现象，需要采取应急措施，导致投资成本的增加。因此，当前对智能电网用户电力总需求的波动风险进行研究急需而且非常必要。

用户电力总需求的不确定性是影响实时电价的最主要因素，国内外这方面的研究尚不多见[87-88,128-130]，关于风险的研究主要集中在供电事故风险、电力交易风险等方面，而结合风险考虑实时电价机制的文章较少。Tarasak 等[87]在 Samadi 等[84]的目标函数下，考虑用电量不确定的三种情况：边界不确定、高斯分布、未知分布，并得到不确定用电量会导致电价提高的结论；Wang 等[88]采用方差作为风险评估指标，对 Samadi 等[84]中建立的优化模型的目标函数进行改进，在目标函数中减去一个电量波动风险项，从离线实时电价风险模型和在线实时电价风险模型两个角度分析。然而离线实时电价风险模型需要知道一天中用户所有时刻的用电数据，在实际操作中难以实现；在线实时电价风险模型由于仅与之前的最佳用电量建立关联，考虑了用电量波动带来的风险，更具可行性。但是每个用户在不同季节、不同时刻用电量必然会存在差异，单个用户的用电量波动并不代表总体用电量会产生相应的波动。因此用每个用户用电量波动方差的总和来体现全社会用电总需求的波动风险，这本身是存在缺陷的，其夸大了风险的程度，降低了全社会福利最大值。

本章考虑用户电力总需求的波动给供电商带来的风险，改进了 Wang 等[88]的在线实时电价风险模型中用单个用户用电需求的波动总和来反映全体社会福利函数的变动情况，以社会福利最大化为目标建立最优化模型，通过对偶方法等价转换原优化问题，克服原有算法不能求解用户总体用电量的困难，设计一种 RTP 算法对其求解，得到实时电价。最后通过数值仿真来验证所建模型的合理性以及算法的有效性和可行性。

4.2　在线实时电价风险模型

4.2.1　系统模型

考虑一个智能电网系统，其含有一个供电商和多个用户，其中用户可以是家庭用户、商业用户或工业用户。每个用户均配备嵌有电力消耗控制器（ECC）的智能电表，ECC 的作用是控制用户的电力消耗，并相互连通实时交换信息。

用户的时间周期划分为 k 个时段，K 是时间段的集合，有 $k \in K$，按照不同用户的电量需求形式可以做任意划分，可选取 60 分钟、30 分钟、15 分钟等间隔均分，也可以在用电高峰期更加细分，时间段的划分对模型没有影响。同时令 N 表示用户集合，每个用户 $i \in N$，在第 k 时段的用电量表示为 $x_i(k)$，用户在每一时段的电量消耗是有界的，即 $x_i(k) \in [m_i^k, M_i^k]$，其中 m_i^k 表示日常生活中第 k 时段必须开启的设备所需用电量，M_i^k 表示第 k 时段所有的用电器开启所需要的电量。

在每一时段的开始时刻，供电商和用户相互交换信息，供电商的生产电量确定下来。一般来说，供电商有义务满足用户的最低用电需求，如用 G_k 表示供电商所提供的电量，则 $G_k \in [L_k^{\min}, L_k^{\max}]$，其中 $G_k^{\min} = \sum_{i \in N} m_i^k$，$G_k^{\max} =$

$\sum_{i \in N} M_i^k$，$\forall k \in K$。

电力系统中的每个用户都是一个独立的个体，电量需求可以用不同的参数来刻画，例如每天的不同时刻、气候条件、电价等因素，电量需求也依赖于用户的类型。对于同样的电价家庭用户和工业用户会有不同的反映，可以用效用函数来刻画，效用函数根据用户的实际效用来选取，但要满足两个基本假设：①非递减函数；②边际效用递减，即效用函数是凹函数。通常选取二次函数[86-89]或者对数函数[85]作为效用函数。本章考虑的模型对一般类型的效用函数都成立，所以不再分类讨论。

4.2.2 在线实时电价风险模型

假定 $U(x_i(k), \omega_i(k))$ 为用户 i 在第 k 时刻的效用函数，每个用户在时刻 $k \in K$ 的弹性系数 $\omega_i(k)$ 为已知参数，$x_i(k)$ 表示用户 i 在第 k 时刻的电量消耗水平，供电商的成本 $C_k(G_k)$ 已知。Wang 等[88]采用经济学上的方差作为风险评估指标，即认为实际用电量偏离最佳用电量时就存在风险，在 Samadi 等[84]提出的实时电价模型中增加了电量负载的均值－方差项，首先给出以下离线实时电价风险模型：

$$\max \sum_{k \in K} \sum_{i \in N} (U(x_i(k), \omega_i(k)) - C_k(G_k)) - \frac{\alpha K}{2} Var(\sum_{i \in N} \hat{x}_i(k))$$

$$\text{s.t.} \sum_{i \in N} x_i(k) \leqslant G_k, \forall k \in K \tag{4.1}$$

其中 $Var(\sum_{i \in N} \hat{X}_i(k)) = \frac{1}{K} \sum_{k \in K} \left(\sum_{i \in N} x_i(k) - \frac{1}{K} \sum_{t \in K} \sum_{i \in N} x_i(t) \right)^2$，然而由于离线实时电价模型需要预先知道所有数据（包括未来数据），在实际操作中难以实现，于是 Wang 等[88]将离线风险模型中的 $Var(\sum_{i \in N} \hat{x}_i(k))$ 调整为 $Var(\sum_{i \in N} \hat{x}_i(k)) = \frac{1}{K} \sum_{k \in K} \sum_{i \in N} (x_i(k) - \hat{x}_i(k-1))^2$，建立在线实时电价风险模型，其中：

$$\hat{x}_i(k) = \hat{x}_i(k-1) + \frac{\alpha}{k+\alpha}(x_i^*(k) - \hat{x}_i(k-1)) \tag{4.2}$$

在线实时电价模型仅与之前的用户用电量信息建立关联，不需要知道未来的数据，更具有可行性。但是这个模型将社会电力总需求的波动风险考虑为每个用户用电量波动方差的总和，而实际中单个用户用电量的波动并不一定会引起社会总用电量的波动，因此这种在线实时电价模型夸大了用电量的波动风险，降低了社会福利函数值。

4.3　用户总体用电风险实时电价模型

4.3.1　问题生成与建模

下面考虑用户电力总需求的波动给供电商带来的风险，改进了在线实时电价风险模型中用单个用户用电需求的波动总和来反映全体社会福利函数的变动情况，以社会福利最大化为目标建立最优化模型。从而真实地体现波动风险，符合实际用电情况。模型如下：

$$\max \sum_{k\in K}\sum_{i\in N}(U(x_i(k),\omega_i(k)) - C_k(G_k)) - \frac{\alpha K}{2}\frac{1}{K}\sum_{k\in K}(\sum_{i\in N}x_i(k) - \hat{G}(k-1))^2$$

$$\text{s. t.} \sum_{i\in N}x_i(k) \leqslant G_k, \forall k \in K \tag{4.3}$$

其中：

$$\hat{G}(k) = \hat{G}(k-1) + \frac{\alpha}{k+\alpha}(\sum_{i\in N}x_i^*(k) - \hat{G}(k-1)) \tag{4.4}$$

问题（4.3）可以分解为在每一时刻 $k\in K$ 独立求解，换句话说，在 $k\in K$ 时刻固定的时候，问题（4.3）等价于求解如下优化问题：

$$\max \sum_{i \in N} U(x_i(k), \omega_i(k)) - C_k(G_k) - \frac{\alpha}{2}\left(\sum_{i \in N} x_i(k) - \hat{G}(k-1)\right)^2$$

$$\text{s. t.} \sum_{i \in N} x_i(k) \leqslant G_k, \forall k \in K \tag{4.5}$$

4.3.2 模型分析与算法设计

优化问题（4.5）是非线性规划问题，对于一般的非线性规划问题目前还没有有效的求解方法，以下证明问题（4.5）是凸优化问题。

引理 4.1 优化问题（4.5）是凸优化问题。

证明： 令 $f(X) = \left(\sum_{i \in N} x_i(k) - \hat{G}(k-1)\right)^2$，其中 $X = (x_1(k), x_2(k), \cdots, x_N(k))$，$\forall k \in K$，求导得 $\frac{\partial f(X)}{\partial x_i(k)} = 2\left(\sum_{i \in N} x_i(k) - \hat{G}(k-1)\right)$，$\frac{\partial^2 f(X)}{\partial x_i(k)^2} = 2 > 0$，故 $f(X)$ 是凸函数，效用函数 $U(\cdot)$ 是凹的，成本函数 $C_k(\cdot)$ 是凸的，所以优化问题（4.5）的目标函数是对凹函数求最大值，且约束集合是凸集，故问题（4.5）是凸优化问题。

定理 4.1 所有时刻用户总体用电风险之和极限为零，即：

$$\lim_{K \to \infty}\left(\frac{1}{K}\sum_{k=1}^{K}\left(\sum_{i \in N} x_i^*(k) - \hat{G}(k-1)\right)\right) = 0$$

证明： 将公式（4.4）变形并求和，得：

$$\sum_{k=1}^{K} \frac{k+\alpha}{\alpha}\left(\hat{G}(k) - \hat{G}(k-1)\right) = \sum_{k=1}^{K}\left(\sum_{i \in N} x_i^*(k) - \hat{G}(k-1)\right)$$

等式左侧的和函数展开，整理得：

$$\frac{1}{\alpha}\left(K \cdot \hat{G}(K) - \sum_{k=1}^{K} \hat{G}(k-1)\right) + \hat{G}(K) - \hat{G}(0) = \sum_{k=1}^{K}\left(\sum_{i \in N} x_i^*(k) - \hat{G}(k-1)\right)$$

关于 K 求极限：

$$\lim_{K \to \infty} \frac{K \cdot \hat{G}(K) - \sum_{k=1}^{K} \hat{G}(k-1)}{\alpha \cdot K} + \lim_{K \to \infty} \frac{\hat{G}(K) - \hat{G}(0)}{K} =$$

$$\lim_{K\to\infty}\left(\frac{1}{K}\sum_{k=1}^{K}\left(\sum_{i\in N}x_i^*(k)-\hat{G}(k-1)\right)\right)$$

化简得：

$$\lim_{K\to\infty}\frac{1}{\alpha}\left(\hat{G}(K)-\frac{1}{K}\sum_{k=1}^{K}\hat{G}(k-1)\right)=\lim_{K\to\infty}\left(\frac{1}{K}\sum_{k=1}^{K}\left(\sum_{i\in N}x_i^*(k)-\hat{G}(k-1)\right)\right) \tag{4.6}$$

将公式（4.4）变形，关于 k 求极限可得：

$$\lim_{k\to\infty}(\hat{G}(k)-\hat{G}(k-1))=\lim_{k\to\infty}\frac{\alpha}{k+\alpha}\left(\sum_{i\in N}x_i^*(k)-\hat{G}(k-1)\right)=0$$

由引理 3[88] 可知，数列 $\hat{G}(k)$ 是收敛的，且 $\lim\limits_{K\to\infty}\left(\hat{G}(K)-\frac{1}{K}\sum\limits_{k=1}^{K}\hat{G}(k-1)\right)=0$，则公式(4.6)右侧为零，定理得证。

优化问题（4.5）可以用凸优化的技巧来求解，它的 KKT 条件如下：

$$\begin{cases}U'(x_i^*(k),\omega_i(k))-\alpha\left(\sum\limits_{i\in N}x_i^*(k)-\hat{G}(k-1)\right)-\lambda^*(k)=0,\\ -C'_k(G_k)+\lambda^*(k)=0,\\ \lambda^*(k)\left(\sum\limits_{i\in N}x_i^*(k)-G_k\right)=0,\\ \sum\limits_{i\in N}x_i^*(k)-G_k\leqslant 0,\\ \lambda^*(k)\geqslant 0\end{cases}$$

如果在 $\bar{x}$ 处 KKT 条件成立，则 $\bar{x}$ 为全局最优解。但是 $\hat{G}$（k）与前面时刻的用电量息息相关，精确解不能体现 $\hat{G}$（k）的连续动态变化。因此，采用对偶方法等价转换优化问题（4.5）。引入 Lagrange 乘子将其变成无约束问题：

$$\begin{aligned}L(X,G_k,\lambda_k)=&\sum_{i\in N}U(x_i(k),\omega_i(k))-C_k(G_k)-\\&\frac{\alpha}{2}\left(\sum_{i\in N}x_i(k)-\hat{G}(k-1)\right)^2-\lambda_k\left(\sum_{i\in N}x_i(k)-G_k\right)\end{aligned}$$

$$= \sum_{i \in N} (U(x_i(k), \omega_i(k)) - \lambda_k x_i(k) - \frac{\alpha}{2}(\sum_{i \in N} x_i(k) - \hat{G}(k-1))^2 + \lambda_k G_k - C_k(G_k) \tag{4.7}$$

其中 λ_k 是 Lagrange 乘子。由于 Lagrange 函数（4.7）中第一项与第二项的可分离性，可以将目标函数（4.5）的对偶函数写成如下形式：

$$D(\lambda_k) = \max L(X, G_k, \lambda_k) = M_i^k(\lambda_k) + N_k(\lambda_k) \tag{4.8}$$

其中

$$M_i^k(\lambda_k) = \max(\sum_{i \in N} (U(x_i(k), \omega_i(k)) - \lambda_k x_i(k)) - \frac{\alpha}{2}(\sum_{i \in N} x_i(k) - \hat{G}(k-1))^2) \tag{4.9}$$

$$N_k(\lambda_k) = \max(\lambda_k G_k - C_k(G_k)) \tag{4.10}$$

对偶问题为$\min\limits_{\lambda_k > 0} D$（$\lambda_k$）。用户将用户类型及弹性系数 ω_i（k）分享给供电商，问题可以在供电商处集中求解。在智能电网实际运行过程中，供电商根据用户类型会制定不同的电价，因此用户个人信息必须分享给供电商，同时在第 k 时刻的 $x_i^*(k)$ 和 $\omega_i(k)$ 是一一对应的。

实际上供电商以速率 $P = \lambda^*(k)$ 向用户供电时，每个用户为最大化其福利函数，就可以保证强对偶性成立[84]，$\lambda^*(k)$ 就是实时电价。通过求解对偶问题可得到解 $\lambda^*(k)$，在供电侧求出所有用户的最佳用电量 $x_i^*(k)$ 和最佳生产电量 G_k^*。

将整个用电周期分为若干个小的时间段，在每个时间段内进行规划，并与之前的信息相关联，于是设计一种算法求解对偶问题得到 $\lambda^*(k)$。算法迭代公式如下：

$$\begin{aligned} \lambda^{t+1}(k) &= \left[\lambda^t(k) - \delta \frac{\partial D(\lambda^t(k))}{\lambda^t(k)} \right]^+ \\ &= [\lambda^t(k) + \delta(\sum_{i \in N} x_i^*(\lambda^t(k)) - G_k^*(\lambda^t(k)))]^+ \end{aligned} \tag{4.11}$$

其中 δ 为步长，$[x]^+ = \max\{x, 0\}$。在每段时刻 k，这种方法需要供电

商多次更新 $\lambda^t(k)$ 和 $x_i^*(\lambda^t(k))$，直到求得第 k 时刻的收敛解 $\lambda^*(k)$，供电商生产出 G_k 单位电量，分给每个用户 $x_i^*(k)$（见表 4.1）。

表 4.1　RTP 算法

算法步骤	
Step 1	供电商处接收用户方初始化的用电量 $x_i^*(0) \in [m_i^0, M_i^0]$，$i \in N$，取 $\hat{G}(0) = \sum_{i \in N} x_i^*(0)$；在每个时段 k，初始化 $\lambda^t(k) \geqslant 0$，接收用户弹性系数 $\omega_i(k)$ 及第 k 时刻的 $x_i^t(k)$
Step 2	以社会福利最大化为目标函数求解公式（4.9）得到 $x_i^t(\lambda^t(k))$，求解公式（4.10）得到 $G_k^t(\lambda^t(k))$
Step 3	将用电量 $x_i^t(\lambda^t(k))$，生产电量 $G_k^t(\lambda^t(k))$ 反馈给供电商，用公式（4.11）更新 $\lambda^t(k)$ 得到 $\lambda^{t+1}(k)$
Step 4	判断 $\lvert \lambda^{t+1}(k) - \lambda^t(k) \rvert < \varepsilon(\varepsilon > 0)$ 是否成立，是，则转 Step5；否，则令 $\lambda^t(k) = \lambda^{t+1}(k)$ 重复 Step2 至 Step4
Step 5	令 $\lambda^*(k) = \lambda^{t+1}(k)$，$G_k^* = G_k^{t+1}$，$x_i^*(k) = x_i^{t+1}(k)$
Step 6	用户方接收供电商给出的实时电价 $\lambda^*(k)$，供电商生产 G_k^* 单位电量，并分配电量 $x_i^*(k)$ 给每个用户，$\forall i \in N$
Step 7	用公式（4.4）更新 $\hat{G}(k)$

4.4　数值仿真

下面通过数值仿真来验证所提出的实时电价方案的有效性和可行性。

考虑一个智能电网系统，周期为一天 24 小时，用户数量为 5 个，效用函数为：

$$U(x_i(k),\ \omega_i(k))=\begin{cases}\omega_i(k)x_i(k)-\dfrac{1}{8}x_i(k)^2, & 0\leqslant x_i(k)\leqslant 4\omega_i(k),\\ 2\omega_i(k)^2, & x_i(k)\geqslant 4\omega_i(k)\end{cases}$$

对于所有的用户 $i\in N$，随机选取 $x_i(k)\in[1.0,\ 3.0]$，$\omega_i^k\in[1,\ 2.5]$，随机生成初始电价 $\lambda^k\in[0,\ 3]$，成本函数(2.4)中系数 $a=0.05$，$b=c=0$，公式(4.3)中 $\alpha=2$，终止条件 $|\lambda^{t+1}(k)-\lambda^t(k)|<\varepsilon$ 中 $\varepsilon=0.01$。

图 4.1 和图 4.2 显示了不同初始电价以及不同初始电量两种情况的迭代过程，充分体现了算法的收敛性。图 4.2 中取定 ω_i（k）$=1.8$，给出三种初始电量，从收敛结果中可以看出，同一用户只要给定第 k 时刻的 ω_i（k），最佳用电量即可确定，ω_i（k）与最佳用电量一一对应，和初始电量的取值无关，初始电量只会影响迭代次数。

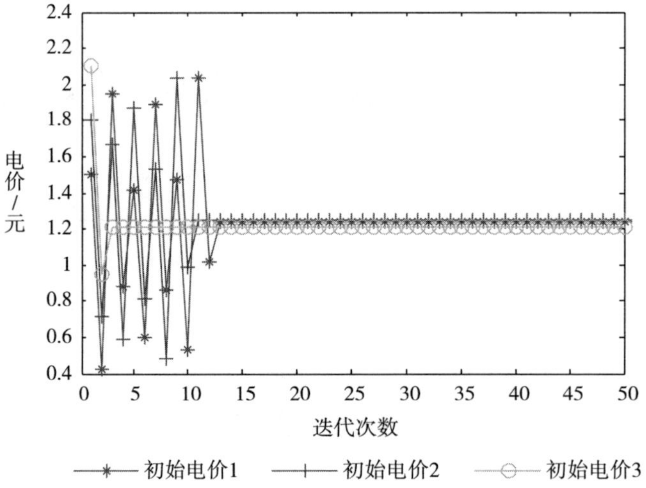

图 4.1　不同初始电价与迭代数的关系

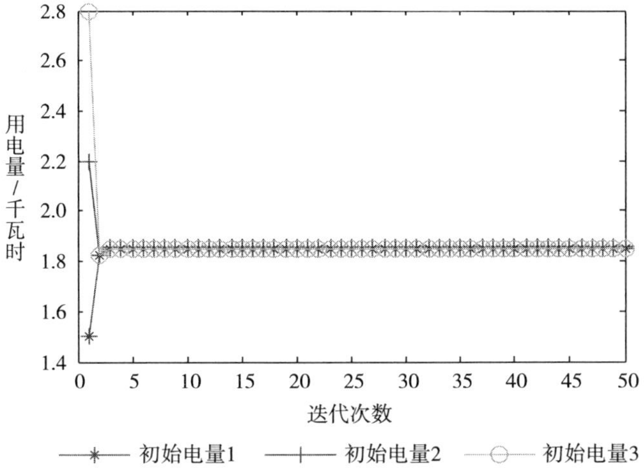

图 4.2　用户 2 初始用电量与参数 ω_i（k）的关系

图 4.3 显示了 $\hat{G}$（k）的收敛情况。验证了定理 4.1 的结论。

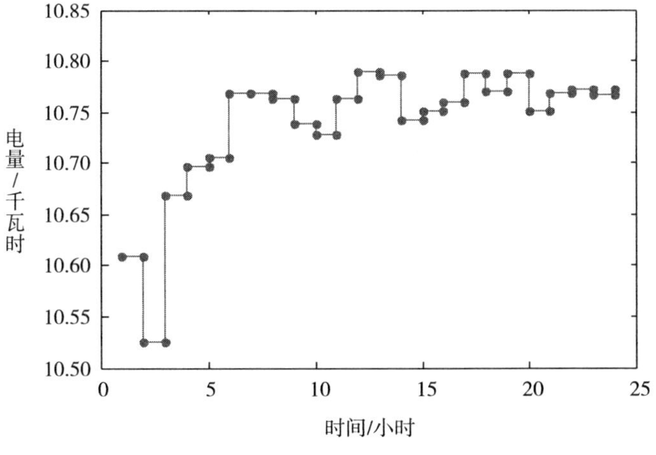

图 4.3　$\hat{G}$（k）的收敛性

图 4.4、图 4.5 和图 4.6 显示了一天不同时段某用户的最佳用电量、供电商的最佳生产电量以及三种电价对比情况。从实时电价、固定电价以及关

键峰时电价三种定价策略的对比中可以看出：一方面，实时电价与用户每一时刻的用电总负荷息息相关，在实施过程中可以通过调整实时价格信号来引导用户、激励用户在低谷时段用电，削减峰值负荷，达到削峰填谷的目的，从而实现电力负荷需求的理想化，在节能减排的同时也降低用户的电费支出。另一方面，实时电价体现出了一天的三个用电高峰期，说明了所建模型的合理性，也验证了实时电价是最理想的定价机制。

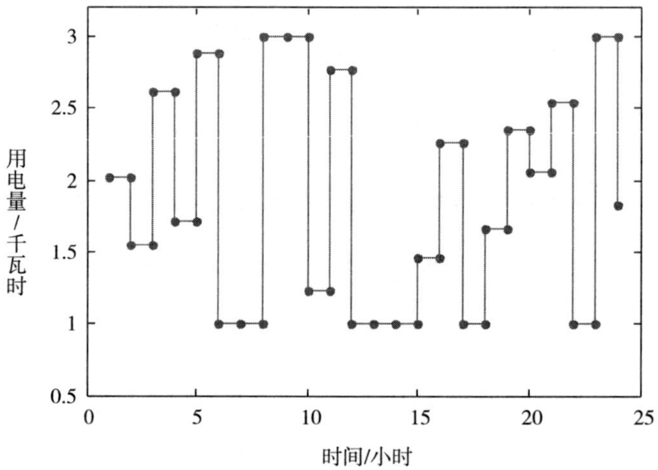

图 4.4　各时段用户 4 的最佳用电量

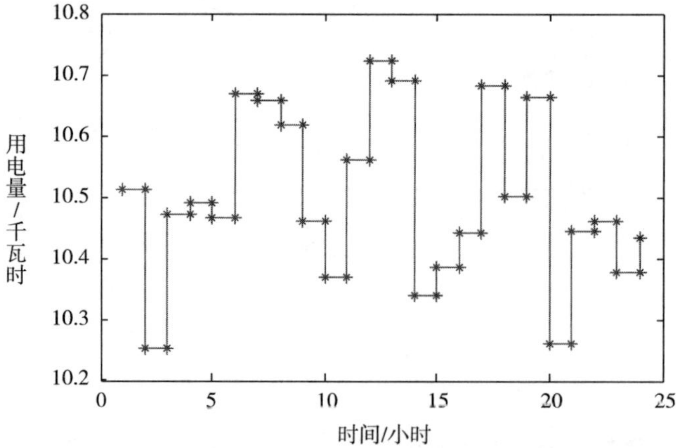

图 4.5　各时段供电商的最佳生产电量

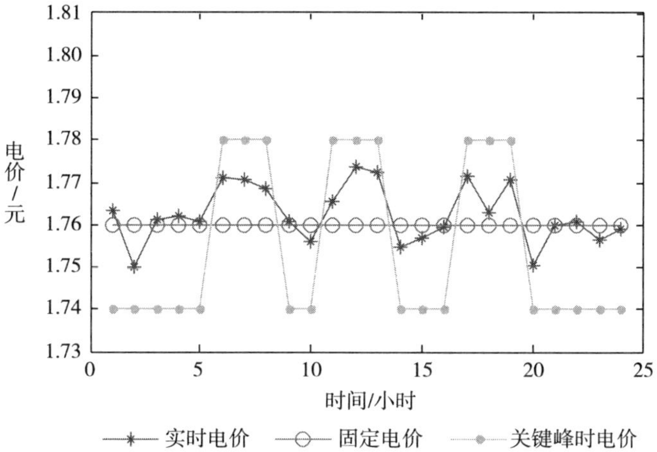

图 4.6 一天 24 小时的三种电价对比

从模拟结果中可以看到，所设计的算法迭代速度快，对初始值的依赖性不大。需要注意的是：在时刻 k，终止条件 $|\lambda^{t+1}(k)-\lambda^{t}(k)|<\varepsilon(\forall\varepsilon>0)$ 刻画了 $\lambda^{t}(k)$ 的收敛速度，ε 的取值越小，$\lambda^{t}(k)$ 越接近 $\lambda^{*}(k)$ 的精确值，但是计算时间会延长；另外一个影响 $\lambda^{t}(k)$ 收敛的因素是步长 δ，对于算法来说，δ 取值足够小能够保证 $\lambda^{t}(k)$ 收敛，但是迭代次数更多，所以算法中 δ 和 ε 的选取要慎重。特别是对于大规模智能电网系统，用户的数量较多时，计算量会非常大，但是基于现有先进网络和无线交流设备，大规模的信息交流不会成为不可逾越的障碍。

4.5 本章小结

本章在智能电网中考虑用户电力总需求的动态变化，以社会福利最大值作为研究目标，改进了 Wang 等[88]中的用电风险项，将个人用户的用电量波动更正为全体用户电力总需求的波动，重新建立优化模型进行实时电价研究，克服原有算法不能求解用户总体用电量的困难，设计一种算法进行求解。我们所建立的模型既考虑到了实时电价对用户用电行为的引导和激励，同时又兼顾了用电行为对实时电价策略制定的影响。数值模拟结果表明我们所提出的实时电价方案可以达到削峰填谷的目的，同时所设计的算法收敛速度较快，对变量的初始值依赖性较低。

第 5 章　马尔可夫过程下多个时刻多类用户实时电价策略

前两章我们研究了单个时刻社会福利最大化模型，时刻间的用电量以及生产电量并无关联。本章以及下两章，我们研究前后两时刻之间，变量有相互依赖关系的多个时刻社会福利最大化模型。考虑到在每个时刻，用户会依据电价概率性选择下一时刻的用电状态，同时用户用电行为也会对供电商制定电价产生影响。这种双向影响以及用户用电状态的转移性可以通过马尔可夫决策过程进行描述。本章引入一般类型的分段线性函数作为用户的效用函数，考虑用户用电的前后关联性，建立多个时刻基于马尔可夫链的社会福利最大化模型，求解一个周期内的实时电价定价策略。

5.1　引言

基于价格的需求侧管理机制能够有效地促进和调动用户的积极性，根据市场价格信号调整固有的电力市场参与行为。如用户会将已有的预先设置的仅依赖于温度的空调加入电价的因素进行配置。这一过程可以在需求侧实现削峰填谷的目的。现有的电价定价形式主要有固定电价、阶梯电价、峰荷电价、分时电价和实时电价等。在各种基于价格的需求响应机制中，最有效的是实时电价。它不但继承了现有峰荷电价以及分时电价所具有的优势，同时更可以避免用户集中在低电价时用电所造成的新的用电尖峰（回弹效应）[131-132]。

依赖于实时电价，用户给出合理的用电策略，实现削峰填谷。诸多电器具有可延迟性及连续性的特征[133]，这要求用户对实时电价的趋势有所了解，才能制定更准确、更具可持续性的用电策略。在每个时段中，依据电价用户会概率性地选择各种不同的用电状态，同时用户用电行为也会对供电商制定电价产生影响。这种双向影响以及用户用电状态的转移性可以通过马尔可夫决策过程描述[134-135]，通过构造合理的状态转移矩阵来形象地描述用户在不同电价下的用电状态转移过程，同时，衡量这一过程可通过有限阶段模型的期望最大值加以刻画。供电商的定价决策成为控制整个互动过程的决策变量，既对用户用电行为产生影响，又对需求侧和供电侧的总效益产生影响。

近几年来国内外一些学者开始进行实时电价的研究，从相关的文献中[84]-[90]可知求解实时电价定价问题主要是研究以供电商供电成本最小化、用户总效用最大化为目标的社会福利最大化模型。从全社会角度来看，社会福利最大化模型在考虑供电商供电成本的同时兼顾用户用电效用，能充分调动用户参与电力运行的积极性。这些研究均将实时电价问题离散为某个时刻的单阶段问题予以考虑，而忽略了用户用电以及供电商供电的前后关联性。单阶段独立于整体而孤立存在，下一时刻的电价以及电价变化趋势没有体现。马尔可夫决策过程可以利用状态转移概率来描述前后两阶段的关联性，有效地描述多阶段用户用电状态过程[134-135]。针对多阶段的智能电网储能控制问题，在考虑业务需求和用户行为的随机分布特性，以及储能设备的充放电特性的基础上，计鹿飞等[136]建立了基于半马尔可夫控制过程的系统分析模型和策略优化框架；李江波等[137]提出基于马尔可夫决策过程的一个实时电价优化模型，利用粒子群算法求出实时电价。陈思运等[138]提出了基于因子隐马尔可夫模型的负荷分解方法，利用该模型对负荷进行建模，进而基于整数规划实现对总负荷的最优分配。Kobayashi 等则应用了马尔可夫决策过程对实时电价系统进行分析建模[139-141]，其仿真结果也有效地表明马尔可夫决策过程在实时电价系统中能够更贴切地描述用户用电行为和不同电价下的电力负荷转移行为。

上述利用马尔可夫决策过程对智能电网实时电价问题的研究，并没有给出用户侧用电依赖于电价的概率转移关系，所建模型并没有体现出供电侧和用户侧的相互影响、相互制约，不能充分调动用户的积极性，不利于实现智能电网最根本的削峰填谷的目标。

本章从全局考虑，充分利用供电商及用户间的双向影响以及用户用电行为的状态转移特性，通过马尔可夫决策过程进行描述，构造依赖于电价的状态转移矩阵形象地描述用户在不同电价下的用电行为选择过程。假设每一阶段的用电量仅受该阶段的电价影响，提出更具一般性的分段线性效用函数，构建有限阶段的基于马尔可夫链的社会福利期望最大化模型。本章分两种情况讨论：①已知初始用电状态以及状态转移概率矩阵中线性函数的参数，考虑用户类型相同时，多个用户用电量之间具有相互影响、相互制约的关联性，用户类型不同时设置不同电力价格进行区分，设计集中式定价策略模拟退火算法，给出实时电价定价策略。②在初始用电状态已知，状态转移概率矩阵中的系数未知的情况下，考虑用户类型相同时，多个用户用电量之间具有相互影响、相互制约的关联性，用户类型不同时设置不同电力价格进行区分，设计分布式定价策略模拟退火算法，给出实时电价定价策略以及用电状态概率分布。

5.2 系统模型

考虑一个智能电网系统，其含有一个供电商和多个用户，其中用户可以是家庭用户、商业用户或工业用户等。每个用户均配备嵌有电力消耗控制器（Energy Consumption Controller，ECC）的智能电表，ECC 的作用是控制用户的电力消耗，并相互连通实时交换信息，实现供电侧和需求侧以及需求侧用户之间的信息互动。

5.2.1 马尔可夫链状态转移矩阵

马尔可夫过程是这样一类过程，如果能准确知道现在的情况，该过程任何将来的某种性质的概率并不受过去的性质所影响。这可以看作随机序列的“马氏性”，或者无后效性。从实际背景来看，智能电网用户的用电状态仅与上一阶段有关，与之前的用电状态无关，因此可以用马尔可夫过程来构建多阶段的社会福利最大化模型。

考虑用户用电的一个时间周期，将其划分为 k 个时段，K 是时间段的集合，有 $k \in K$，按照不同用户的电量需求形式可以做任意划分，在用电高峰期及低谷期可以更加细分，时间段的划分对模型没有影响。同时令 Q 表示用户集合，共有 q 个用户，每个用户 $i \in Q$，若记 $S^i(k)$ 为第 i 个用户第 k 时刻的用电状态空间，$x^i(k) \in S^i(k)$ 为第 i 个用户第 k 时刻的用电量，则：

$$\begin{aligned} P\{S^i(k+1) = x^i(k+1) \mid S^i(0) = x^i(0),\ S^i(1) = x^i(1),\ \cdots,\ S^i(k) = x^i(k)\} \\ = P\{S^i(k+1) = x^i(k+1) \mid S^i(k) = x^i(k)\} \end{aligned}$$

若将时刻 k 称为“现在”，那么 0，1，2，…，$k-1$ 就代表“过去”，而 $k+1$ 就是“将来”。于是上式可以理解为“已知现在，将来与过去无关”，即用电状态序列满足马氏性。用户在每一时段的电量消耗是有界的，即 $x^i(k)\in[m^i(k),\ M^i(k)]$，其中 $m^i(k)$ 表示日常生活中第 k 时段必须开启的设备所需用电量，$M^i(k)$ 表示第 k 时段所有的用电器开启所需要的电量。

将用电区间 $[m^i(k),\ M^i(k)]$ 离散化，划分为 n 种状态，记为 $S^i(k)=\{x_1^i(k),\ x_2^i(k),\ \cdots,\ x_n^i(k)\}$，其中 $x_1^i(k)=m^i(k)$，$x_n^i(k)=M^i(k)$。初始状态下每种用电状态的概率分布为 $\pi^i(k)=[\pi_1^i(k),\ \pi_2^i(k),\ \cdots,\ \pi_n^i(k)]^T\in[0,\ 1]^n$，其中 $\pi_s^i(k)\in[0,\ 1]$，$s=1,\ \cdots,\ n$，表示用户 i 第 k 时刻用电状态为 $x_s^i(k)$ 的概率，且 $\sum_{s=1}^{n}\pi_s^i(k)=1$。

用户在不同时段不同用电量时，根据供电商给出的电价做出决策，得到下一时刻的用电量。已知第 k 时刻的用电状态 $x^i(k)$，到达第 $k+1$ 时刻 $x^i(k+1)$ 的概率（称为单步转移概率）用 $p_{k,k+1}^i$ 来表示，即：

$$p_{k,k+1}^i=\Pr\{S^i(k+1)=x^i(k+1)\mid S^i(k)=x^i(k)\}$$

记第 k 时刻第 i 个用户的电价为 $\boldsymbol{\lambda}^i(k)$，$q$ 个用户的电价向量 $\boldsymbol{\lambda}(k)=[\boldsymbol{\lambda}^1(k),\ \boldsymbol{\lambda}^2(k),\ \cdots,\ \boldsymbol{\lambda}^q(k)]^T$，用户类型相同时不同用户之间取相同电价 $\boldsymbol{\lambda}(k)=\boldsymbol{\lambda}^i(k)$，$i=1,\ 2,\ \cdots,\ q$；而用户类型划分为工业用户、商业用户及居民用户等多类用户时则取不同电价，体现出不同类型用户用电的电价区别。依赖于电价给出状态转移概率矩阵如下：

$$P_{k,k+1}^i(\boldsymbol{\lambda}^i(k))=\begin{bmatrix} a_{11}^i+b_{11}^i\boldsymbol{\lambda}^i(k) & \cdots & a_{1n}^i+b_{1n}^i\boldsymbol{\lambda}^i(k)\\ a_{21}^i+b_{21}^i\boldsymbol{\lambda}^i(k) & \cdots & a_{2n}^i+b_{2n}^i\boldsymbol{\lambda}^i(k)\\ \vdots & \vdots & \vdots\\ a_{n1}^i+b_{n1}^i\boldsymbol{\lambda}^i(k) & \cdots & a_{nn}^i+b_{nn}^i\boldsymbol{\lambda}^i(k)\end{bmatrix}\tag{5.1}$$

每个元素都满足 $0\leqslant a_{ef}^i+b_{ef}^i\boldsymbol{\lambda}^i(k)\leqslant 1$，$e=1,\ 2,\ \cdots,\ n$，$f=1,\ 2,\ \cdots,\ n$，且每列满足性质：

$$\sum_{e=1}^{n}a_{ef}^i+b_{ef}^i\boldsymbol{\lambda}^i(k)=1,f=1,2,\cdots,n,\tag{5.2}$$

记 $\overline{A}_{ef}^{i}=[a_{ef}^{i},\ b_{ef}^{i}]$，状态概率依赖于 $\lambda^{i}(k)$ 和 $\overline{A}_{ef}^{i}$，且满足随着电价的增加期望用电量减少，电价降低期望用电量增加。

不同类型用户用电间相互无影响时，状态概率转移方程为：

$$\pi^{i}(k+1)=P_{k,k+1}^{i}(\lambda^{i}(k))\pi^{i}(k) \tag{5.3}$$

相同类型用户用电状态相互影响，状态概率转移矩阵如下：

$$\begin{bmatrix}\pi^{1}(k+1)\\ \pi^{2}(k+1)\\ \vdots\\ \pi^{q}(k+1)\end{bmatrix}=\begin{bmatrix}u_{11}P^{1}(\lambda^{1}(k)) & u_{12}I & \cdots & u_{1q}I\\ u_{21}I & u_{22}P^{2}(\lambda^{2}(k)) & \cdots & u_{2q}I\\ \vdots & \vdots & \ddots & \vdots\\ u_{q1}I & u_{q2}I & \cdots & u_{qq}P^{q}(\lambda^{q}(k))\end{bmatrix}\begin{bmatrix}\pi^{1}(k)\\ \pi^{2}(k)\\ \vdots\\ \pi^{q}(k)\end{bmatrix} \tag{5.4}$$

其中，$u_{ij}\in[0,\ 1]$ 表示用户间的耦合系数，且满足：

$$\sum_{j=1}^{q}u_{ij}=1\ ,\ i=1,\ 2,\ \cdots,\ q \tag{5.5}$$

当 $u_{ij}=\begin{cases}1, & j=i,\\ 0, & j\neq i\end{cases}$ 时，$i,\ j=1,\ 2,\ \cdots,\ q$，(5.3)$\Leftrightarrow$(5.4)。

上述记号强调，我们考虑的状态转移概率是初始状态和最后状态的函数，供电商根据不同用户不同用电量设定不同的实施电价定价策略，这也正是供电侧的决策集。

5.2.2 分段线性效用函数

电力系统中的每个用户都是一个独立的个体，电量需求依赖于用户的类型，用不同的参数来刻画。每大的不同时刻、气候条件和电价等因素都会对电量需求产生影响。对于同样的电价不同类型的用户会有不同的反映，可以用效用函数来刻画这一差别。效用函数根据符合用户的实际效用来选取，但要满足两个基本假设：①非递减函数；②边际效用递减，即效用函数是凹函数。通常选取二次函数作为效用函数。在实际的用户侧，真正的用户效用函数都是未知的。

分段线性函数是一种用来近似地表示复杂函数的方法，用连接原函数曲线上的一系列点的折线来模拟原函数曲线。它的主要优势在于它的形式可以任意合成，具有较高的灵活性，通用性能好，可以逼近任意曲线。基于此特性，我们选取分段线性效用函数作为不同类型用户的统一效用函数，形式如下：

$$U(x)=\begin{cases} c_1x, & x\in[0,\ d_1], \\ c_2x+(c_1-c_2)d_1, & x\in(d_1,\ d_2], \\ \cdots & \cdots \\ c_nx+(c_1-c_2)d_1+\cdots+(c_{n-1}-c_n)d_{n-1}, & x\in(d_{n-1},\ d_n] \end{cases} \tag{5.6}$$

其中 x 为用电量，c_e，$e=1$，…，n，为用户用电弹性系数。d_f，$f=1$，…，n，是区间分点，满足 $d_1<d_2<\cdots<d_n$，$d_n=M^i\ (k)$。为保证效用函数 $U\ (x)$ 的单调增加性和凹性，弹性系数 c_e 满足 $c_e>c_{e+1}>0$，$e=1$，…，$n-1$。每个用户使用不同用电量产生的效用也不同，具体体现在分点 d_f、分点个数 n、最大用电量 d_n、弹性系数 c_e 的不同选取来区分。分段线性效用函数可以很好地划分用户类型，同时最大限度地趋近于用户的真实效用。

5.3　实时电价优化模型

5.3.1　问题生成与建模

初始用电量已知，以期望社会福利最大化、供电商成本最小化为目标，考虑供需平衡，建立多阶段的马尔可夫过程的实时电价最优化模型如下：

$$V(\lambda^i(k),\overline{A}_{ef}^i) = \max E\Big(\sum_{k=1}^{K}\Big[\sum_{i=1}^{q}U^i(x^i(k)) - C_k(G_k) \mid x^i(0) = x_0^i\Big]\Big) \tag{5.7}$$

s. t. (5.1) – (5.5)

$$E\Big[\sum_{i=1}^{q}x^i(k)\Big] \leqslant G_k \tag{5.7a}$$

$$m^i(k) \leqslant x^i(k) \leqslant M^i(k) \tag{5.7b}$$

$$\lambda_{\min}^i(k) \leqslant \lambda^i(k) \leqslant \lambda_{\max}^i(k) \tag{5.7c}$$

从实际情况来看，电价因素导致用户用电需求是不饱和的。因为效用函数是单调增加的，所以随着电力的增加，必然会带来更多的社会福利。我们可以得到这样的结论，最优解一定在边界处取得，也就是约束条件可简化为在第 k 时段用户的负载总和的期望等于供电商的发电量，即约束条件（5.7a）转化为

$$E\Big[\sum_{i=1}^{q}x^i(k)\Big] = G_k \tag{5.7a$'$}$$

5.3.2 集中式电价策略改进模拟退火算法

省略初始状态 $x^i(0) = x_0^i$，状态转移概率矩阵中元素 $\overline{A}_{ef}^i$ 为确定参数的时候，问题（5.7）等价转换为如下形式：

$$\begin{aligned}
V(\lambda^i(k)) &= \max\sum_{k=1}^{K}\Big[\sum_{i=1}^{q}E(U^i(x^i(k))) - E\Big(C_k\Big[\sum_{i=1}^{q}x^i(k)\Big]\Big)\Big] \\
&= \max\sum_{k=1}^{K}\Big[\sum_{i=1}^{q}E(U^i(x^i(k))) - C_k\Big(E\Big[\sum_{i=1}^{q}x^i(k)\Big]\Big)\Big] \\
&= \max\sum_{k=1}^{K}\big[A(x^i(k)) - B(X(k))\big]
\end{aligned}$$

其中 $A(x^i(k)) = \sum_{i=1}^{q}E(U^i(x^i(k)))$，$B(X(k)) = C_k\Big(E\Big[\sum_{i=1}^{q}x^i(k)\Big]\Big)$，

$X(k)=\{x^1(k), x^2(k), \cdots, x^q(k)\}$。已知每个用户用电状态及其概率分布 $\pi^i(k)$，可以很容易求得 $A(x^i(k))$。为了求出 $B(X(k))$，需给出联合分布律。

二维离散型随机变量（X，Y）的分布律：

$P\{X=x_i, Y=y_j\}=P\{X=x_i\}P\{Y=y_j \mid X=x_i\}=P\{Y=y_j\}P\{X=x_i \mid Y=y_j\}$，或称为随机变量 X 和 Y 的联合分布律，并将联合分布律推广到有限多个变量，基于此，我们可以求得 $P\{S^1(k)=x^1(k), S^2(k)=x^2(k), \cdots, S^q(k)=x^q(k)\}$ 的状态概率分布。

初始用电状态已知，状态转移概率矩阵依赖于电价，每个用户最大化其效用函数，供电商最小化其供电成本，以多阶段的社会福利值总和的最大期望为目标。目标函数仅依赖于电价，收集用户侧所有信息，在供电侧采用集中式电价策略的改进模拟退火算法进行求解，给出多阶段的实时电价定价策略。考虑到模拟退火算法计算过程简单、通用、鲁棒性强，适用于并行处理；可用于求解复杂的非线性优化问题，得到全局最优解。同时为了克服此算法收敛速度慢，执行时间长等缺点，在算法生成新解的过程中，利用与温度相关的柯西扰动生成新解。具体步骤如表 5.1 所示。

表 5.1　集中式定价策略模拟退火算法（CPSA）

算法步骤	
Step 1	设定初始温度 T_0，终止温度 T，各温度下的迭代次数 t，降温速率 q
Step 2	供电商初始化第 k 时刻电价 $\lambda^i_{t,\min}(k) \le \lambda^i_t(k) \le \lambda^i_{t,\max}(k)$，接收用户初始用电状态概率 $\pi^i_t(1)$，状态转移概率矩阵 $P^i_{k,k+1}(\lambda^i_t(k))$ 中系数 $\overline{A}^i_{ef}=[a^i_{ef}, b^i_{ef}]$ 为已知，接收 d^i_f 及用户弹性系数 c^i_e，$e, f=1, 2, \cdots, n$，$i=1, 2, \cdots, q$，和用户间耦合系数 u_{ij}
Step 3	将 $x^i_t(k)$ 代入公式（5.2）求得 $U^i(x^i_t(k))$，已知第 k 时刻用电状态概率，求期望 $E[U^i(x^i_t(k))]$，并将所有用户用电期望求和得 $A(x^i_t(k))$；求出 q 个用户在第 k 时刻用电量总和 $\sum_{i=1}^{q} x^i(k)$ 及其联合分布律，利用公式（5.4）计算 $C_k(\sum_{i=1}^{q} x^i(k))$，求期望得到 $B(X_t(k))$

续表

算法步骤	
Step 4	计算第 k 时刻期望社会福利值 $A(x_t^i(k))-B(X_t(k))$
Step 5	不同类型用户将 $\lambda_t^i(k)$ 代入（5.3），相同类型用户代入（5.4），得到 $\pi_t^i(k+1)$；重复 Step3 和 Step4，求出 $k\in K$ 所有时刻社会福利值 $A(x_t^i(k))-B(X_t(k))$，进而得到总和的期望 $W_t=\sum_{k=1}^{K}[A(x_t^i(k))-B(X_t(k))]$
Step 6	初始解邻域内利用柯西扰动生成*另一个解 $\lambda_{t+1}^i(k)$，重复 Step2 至 Step5 得到 W_{t+1}
Step 7	Metropolis 法则判断是否接受新解：判断 $D=W_{t+1}-W_t>0$ 是否成立，是，则转 Step8；否，若 $\exp(-D/T_0)\geqslant rand$，转 Step8，否则重复 Step2 至 Step7
Step 8	令 $\lambda_t^i(k)=\lambda_{t+1}^i(k)$，到达迭代次数，降温：$T_0=q\times T_0$
Step 9	到达终止温度 $T_0=T$，迭代停止，$\lambda^{i,*}(k)=\lambda_t^i(k)$

注：在 $\lambda_t^i(k)$ 的邻域内生成新解 $\lambda_{t+1}^i(k)=\lambda_t^i(k)+\gamma\delta_\lambda$，其中 δ_λ 为扰动步长，随机扰动 γ 满足柯西分布，则有 $G_c(\gamma)=\frac{T(t)}{T^2(t)+\gamma^2}$，可知，低温时算法仅在当前模型的邻近区域内进行搜索，当处在高温时，又可以在解空间内进行大范围的搜索。柯西分布中有一条平坦的拖尾，这一特征使它具有快速跳出局部最优的能力。模拟退火算法在加入柯西分布后则具有更快的收敛速度。

当控制参数 T_0 趋近于 0 时，即 $T_0=q^k\times T_0\to 0$，改进模拟退火算法收敛于问题（5.7）的全局最优解[142-143]。

5.3.3 分布式电价策略改进模拟退火算法

初始用电量已知，状态转移概率矩阵中元素 $\overline{A_{ef}^i}$ 不确定的时候，多阶段的马尔可夫过程的实时电价最优化模型，整理合并如下：

$$\begin{aligned}V(\lambda^i(k),\overline{A_{ef}^i}) &= \max E\left(\sum_{k=1}^{K}\sum_{i=1}^{q}U^i(x^i(k))-C_k(G_k)\right)\\ &= \max\sum_{k=1}^{K}\left[\sum_{i=1}^{q}E(U^i(x^i(k)))-E\left(C_k\left(\sum_{i=1}^{q}x^i(k)\right)\right)\right]\\ &= \max\sum_{k=1}^{K}\left[\sum_{i=1}^{q}E(U^i(x^i(k)))-E\left(\sum_{i=1}^{q}\lambda^i(k)x^i(k)\right)+\right.\end{aligned}$$

$$E\left(\sum_{i=1}^{q}\lambda^{i}(k)x^{i}(k)\right)-E\left(C_{k}\left(\sum_{i=1}^{q}x^{i}(k)\right)\right)]$$
$$=\max\{R(x^{i}(k))-T(X(k))\}$$

其中：

$$R(x^{i}(k))=\sum_{i=1}^{q}\sum_{k=1}^{K}E[(U^{i}(x^{i}(k)))-\lambda^{i}(k)x^{i}(k)]=\sum_{i=1}^{q}R_{i}(x^{i}(k)) \tag{5.8}$$

$$R_{i}(x^{i}(k))=\sum_{k=1}^{K}E[(U^{i}(x^{i}(k)))-\lambda^{i}(k)x^{i}(k)] \tag{5.9}$$

$$T(X(k))=\sum_{k=1}^{K}E[(\sum_{i=1}^{q}\lambda^{i}(k)x^{i}(k))-(C_{k}(\sum_{i=1}^{q}x^{i}(k)))]$$
$$=\sum_{k=1}^{K}T_{k}(X(k)) \tag{5.10}$$

将公式（5.7）等价转化为求解公式（5.8）和公式（5.10）两个子问题。已知供电侧给出的参考电价，$R(x^{i}(k))$可在用户侧独立求解，得到状态转移概率矩阵中元素$\overline{A}_{ef}^{i}$，不需要用户分享效用函数的相关信息给供电商，有助于保护用户隐私。在供电侧收集用户侧的用电信息后，$T(X(k))$可以在供电侧进行求解，得到实时电价定价策略。$R_{i}(x^{i}(k))$为第 i 个用户 K 个时段用电效用总和的期望。

每个用户接收供电侧提供的参考电价，最大化其效用函数，降低用电成本，以多阶段用户效益的期望最大为目标。基于模拟退火算法设计分布式电价策略算法进行求解，得到多阶段的状态转移概率矩阵。具体算法步骤如表 5.2（a）所示。

供电商收集所有用户提供的状态转移概率矩阵，最大化其收益，降低发电成本，以多阶段效益的期望最大为目标。基于模拟退火算法设计分布式电价策略算法进行求解，得到实时电价定价策略。具体算法步骤如表 5.2（b）所示。

表 5.2（a） 分布式定价策略模拟退火算法（用户侧）（DPSA－U）

用户侧算法步骤	
Step 1	设定初始温度 T_0，终止温度 T，各温度下的迭代次数 t，降温速率 q，初始化第 k 时刻用户用电状态概率 $\pi_t^i(k)$ 中的系数 $\overline{A}_{ef}^{i,t}=[a_{ef}^{i,t},\ b_{ef}^{i,t}]$ 满足(5.2)及 $a_{ef}^{i,t}>0$，$e=1$，2，…，n，$f=1$，2，…，n；用户间分享耦合系数 u_{ij}，离散化 $x_t^i(k)\in S^i(k)$，代入公式(5.6)求得 $U^i(x_t^i(k))$
Step 2	①接收供电侧电价 $\lambda^{i,*}(k)$； ②将 $\overline{A}_{ef}^{i,t}$，$\lambda_t^i(k)$ 代入公式(5.1)中，求出状态转移概率矩阵 $P_{k,k+1}^i(\lambda_t^i(k))$，$i=1$，2，…，$q$；计算 $\pi_t^i(k)$，进而求得 $E[U^i(x_t^i(k))]$，不同类型用户代入公式(5.3)，相同类型用户代入公式(5.4)，求出 $\pi_t^i(k+1)$； ③重复②，直到第 K 时刻，求得所有 $k\in K$ 时刻的 $\pi_t^i(k)$，进而得到 $\sum_{k=1}^{K}E[U^i(x_t^i(k))]$，减去 K 个时刻期望用电总成本 $\sum_{k=1}^{K}E[\lambda^i(k)x^i(k)]$，求得 $W_t=R_q(x^i(k))$； ④初始解 $\overline{A}_{ef}^{i,t}$ 邻域内随机生成另一个解 $\overline{A}_{ef}^{i,t+1}$，重复②－③得到 W_{t+1}
Step 3	Metropolis 法则判断是否接受新解：判断 $D=W_{t+1}-W_t>0$ 是否成立，是，则转 Step 4；否，若 $\exp(-D/T_0)\geqslant rand$，转 Step 4，否，则重复 Step 2
Step 4	令 $\overline{A}_{ef}^{i,t}=\overline{A}_{ef}^{i,t+1}$，到达迭代次数，降温：$T_0=q\times T_0$
Step 5	到达终止温度 $T_0=T$，迭代停止，$\overline{A}_{ef}^{i,*}=\overline{A}_{ef}^{i,t}$，代入电价 $\lambda_t^i(k)$ 进而求得 $\pi^{i,*}(k)=\pi_t^i(k)$
Step 6	如果 $\lvert\lambda_{\tau+1}^{i,*}(k)-\lambda_{\tau}^{i,*}(k)\rvert<\varepsilon$，算法停止

表 5.2（b） 分布式定价策略模拟退火算法（供电侧）（DPSA－G）

供电侧算法步骤	
Step 1	设定初始温度 T_0，终止温度 T，各温度下的迭代次数 t，降温速率 q，初始化电价 $0\leqslant\lambda_t^i(k)\leqslant1$；接收用户侧离散化的用电状态 $S^i(k)$ 及 $\overline{A}_{ef}^{i,*}$，$i=1$，2，…，q，求出 q 个用户在第 k 时刻用电量总和 $\sum_{i=1}^{q}x^i(k)$

续表

供电侧算法步骤	
Step 2	①不同类型用户将 $\overline{A}_{ef}^{i,*}$ 代入公式(5.3)，相同类型用户代入公式(5.4)，进而计算出依赖于 $\lambda_t^i(k)$ 的联合分布律 $P\{S_t^1(k)=x^1(k),\ S_t^2(k)=x^2(k),\ \cdots,\ S_t^q(k)=x^q(k)\}$； ②利用 $S^i(k)$、联合分布律和成本函数(2.4)得 $C_k(E[\sum_{i=1}^{q}x^i(k)])$，将 $\lambda_t^i(k)$ 代入公式(5.10)进而求得 $T_k(x^i(k))$； ③重复②，直到第 K 时刻，所有 $k\in K$ 时刻的 $T_k(x^i(k))$ 求和得 $W_t=T(x^i(k))$； ④初始解 $\lambda_t^i(k)$ 邻域内利用柯西扰动生成另一个解 $\lambda_{t+1}^i(k)$，重复②－③得到 W_{t+1}
Step 3	Metropolis 法则判断是否接受新解：判断 $D=W_{t+1}-W_t>0$ 是否成立，是，则转 Step 4；否，若 $\exp(-D/T_0)\geqslant rand$，转 Step 4，否则重复 Step 2
Step 4	令 $\lambda_t^i(k)=\lambda_{t+1}^i(k)$；到达迭代次数，降温：$T_0=q\times T_0$
Step 5	到达终止温度 $T_0=T$，迭代停止，$\lambda_{\tau+1}^{i,*}(k)=\lambda_t^i(k)$
Step 6	如果 $\lvert\lambda_{\tau+1}^{i,*}(k)-\lambda_{\tau}^{i,*}(k)\rvert<\varepsilon$，算法停止，实时电价 $\lambda^{i,*}(k)=\lambda_{\tau+1}^{i,*}(k)$

当控制参数 T_0 趋近于 0 时，即 $T_0=q^k\times T_0\to 0$，算法收敛于问题（5.7）的全局最优解[142-143]。

5.4　数值仿真

本节通过数值仿真来验证所提出的实时电价方案的有效性和可行性。对改进模拟退火算法进行数值实验，通过阶梯式增加用户数量，对比集中式与分布式算法的收敛速度，同时将其与已有的模拟退火算法进行比较。首先通过下载不同类型用户一年中每天每个时刻用电的真实数据[123]，我们给出参变量的取值范围。其次考虑一个智能电网系统，周期为第 k 时刻及其之后的 10 个时间段，用户数量为五个，将用户用电量 $x^i(k)\in[m^i(k),\ M^i(k)]=$

[3, 6]，离散为四种状态[3.0, 4.0, 5.0, 6.0]。随机生成用户电价 $\lambda(k)\in[0,1]^5$，分段线性效用函数中的弹性系数随机生成，满足条件 $c_e > c_{e+1}>0$，$e=1, \cdots, n$，$d_1<d_2<\cdots<d_n$，$d_n=6$ 即可。

5.4.1 参数 $\overline{A}_{ef}^{i}$ 已知

当用户状态转移概率矩阵仅依赖于电价时，根据已有电网数据，求出初始元素 a_{ij}^{i}，b_{ij}^{i}，满足要求公式（5.1）至公式（5.2）的五个用户的状态转移矩阵。

第一种情况，考虑同类型用户电价相同，但是用户并不是孤立存在的，相互间用电量的变化会对状态转移产生影响，公式（5.2）中相同用户间的影响因子 u_{ij} 选取如下：

$$\begin{bmatrix} u_{11} & u_{12} & u_{13} & u_{14} & u_{15} \\ u_{21} & u_{22} & u_{23} & u_{24} & u_{25} \\ u_{31} & u_{32} & u_{33} & u_{34} & u_{35} \\ u_{41} & u_{42} & u_{43} & u_{44} & u_{45} \\ u_{51} & u_{52} & u_{53} & u_{54} & u_{55} \end{bmatrix} = \begin{bmatrix} 0.8 & 0.2 & 0 & 0 & 0 \\ 0.2 & 0.7 & 0.1 & 0 & 0 \\ 0 & 0.1 & 0.8 & 0.1 & 0 \\ 0 & 0 & 0.1 & 0.7 & 0.2 \\ 0 & 0 & 0 & 0.1 & 0.9 \end{bmatrix} \tag{5.11}$$

第二种情况，考虑不同类型用户电价不同，用户是孤立存在的，相互之间并无影响，此时公式（5.4）中用户间的影响因子 u_{ij} 选取如下：

$$\begin{bmatrix} u_{11} & u_{12} & u_{13} & u_{14} & u_{15} \\ u_{21} & u_{22} & u_{23} & u_{24} & u_{25} \\ u_{31} & u_{32} & u_{33} & u_{34} & u_{35} \\ u_{41} & u_{42} & u_{43} & u_{44} & u_{45} \\ u_{51} & u_{52} & u_{53} & u_{54} & u_{55} \end{bmatrix} = \begin{bmatrix} 1 & 0 & 0 & 0 & 0 \\ 0 & 1 & 0 & 0 & 0 \\ 0 & 0 & 1 & 0 & 0 \\ 0 & 0 & 0 & 1 & 0 \\ 0 & 0 & 0 & 0 & 1 \end{bmatrix} \tag{5.12}$$

采用集中式定价策略的改进模拟退火算法，具体步骤如表 5.1 所示，可以得到同周期内每个阶段同类型用户相同的实时电价如图 5.1 所示，不同类型用户不同的实时电价如图 5.2 所示。

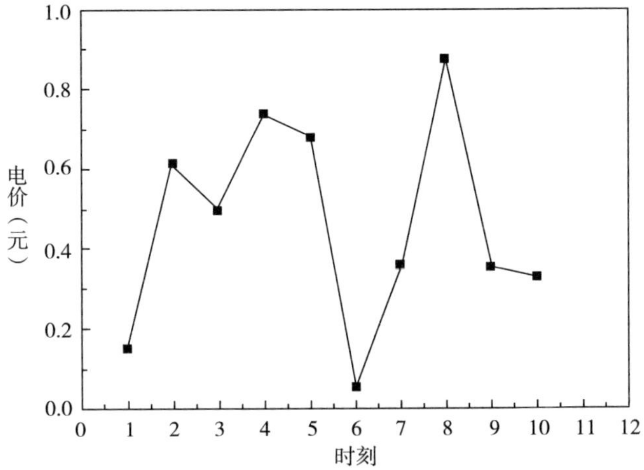

图 5.1　相同类型用户实时电价

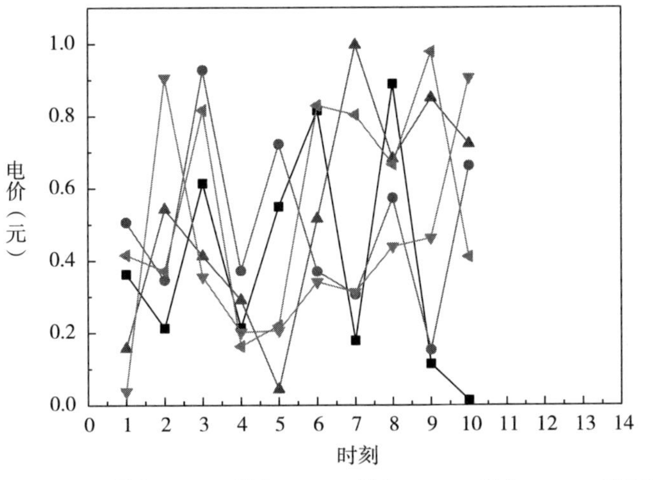

图 5.2　不同类型用户实时电价

用户可以根据第 k 时刻之后的实时电价趋势合理安排用电设备，若电价有降低趋势，则可考虑开启不可间断的用电设备；反之，则关闭。这既体现了电价的实时性又观测到了电价的延续性。

在此集中式定价策略模拟退火算法中，用户需要分享所有用电信息给供电侧，这不利于保护用户的隐私，同时用户状态转移概率矩阵中元素 $a_{ef}^{i}+b_{ef}^{i}\lambda^{i}(k)$ 为 $\lambda^{i}(k)$ 的线性函数，其系数 a_{ef}^{i}，b_{ef}^{i}的选取至关重要。需要根据历史数据求得使其更具有准确性。

5.4.2 参数 $\overline{A}_{ef}^{i}$未知

若$\overline{A}_{ef}^{i}$未知，则集中式定价策略模拟退火算法不能体现出状态转移矩阵与电价的相互依赖关系。可采用分布式定价策略模拟退火算法求解。具体步骤如表 5.2（a）和表 5.2（b）所示。

图 5.3 中（a）~（e）显示了用户侧依赖于电价给出的相同类型用户 1

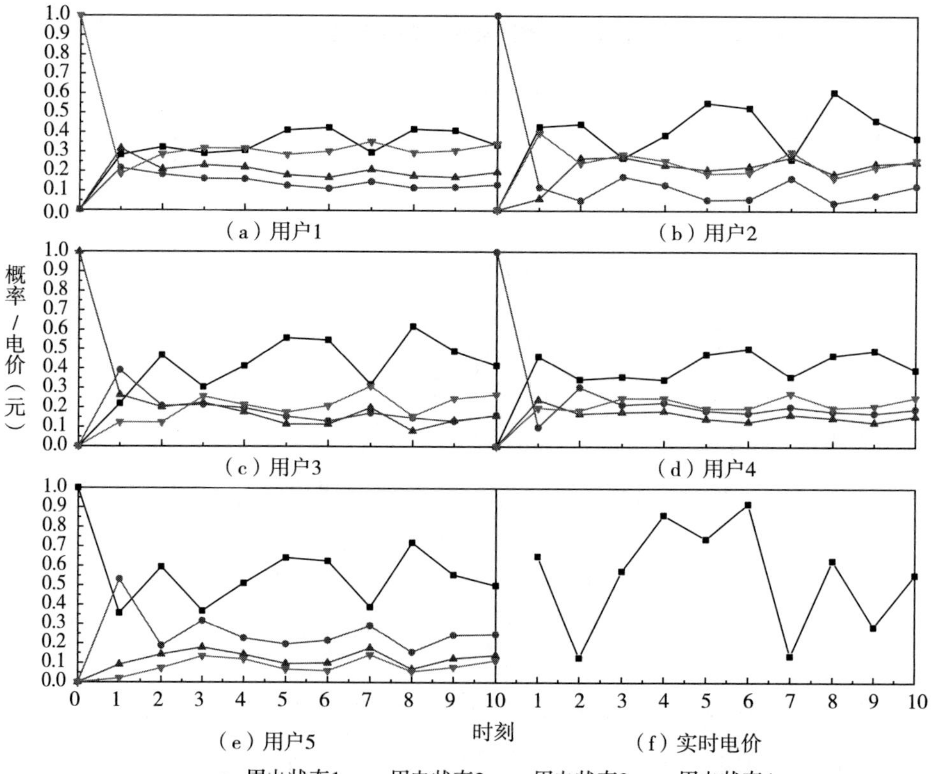

图 5.3 （a）-（e）用户用电概率分布/（f）同类用户实时电价

至用户5在所考虑的10个时刻中用户用电概率分布。在初始时刻，用户以概率1使用四种电量状态中的某种状态，用电量是确定的。之后的10个时刻，依赖于状态转移矩阵（5.4）及具体的影响因子（5.5），根据概率转移矩阵可以给出每个时刻和为1的用电状态概率分布。（f）显示了相同类型用户 k 时刻之后10个时间段的实时电价定价策略。

图5.4中（a）~（e）显示了用户侧依赖于电价给出的不同类型用户1至用户5在所考虑的10个时刻中用户用电状态概率分布。（f）显示了五类用户 k 时刻之后10个时间段的实时电价定价策略供用户用电参考。

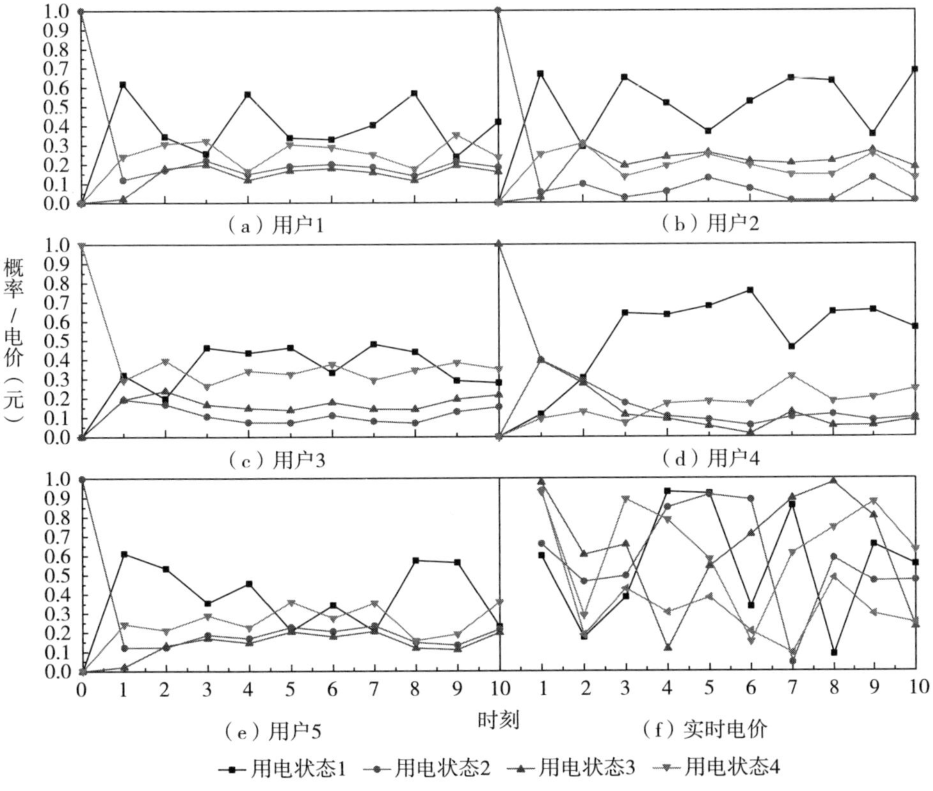

图5.4　（a）~（e）用户用电概率分布/（f）不同类型用户实时电价

在 $\overline{A}_{ef}^{i}$ 已知和未知两种情况下，两种算法都可以求得用户的实时电价定价策略，如用户需要知道具体的期望用电量，求解 $P^i_{k,k+1}$ （λ^i （k）） $\cdot\pi^i$ （k）可以得到期望用电量供用户参考，图 5.5 为 $\overline{A}^i_{ef}$未知情况下同类用户期望用电量示意图。图 5.6 为期望社会福利最大值，从中可以看出算法在第 64 次时收敛，迭代速度较快。

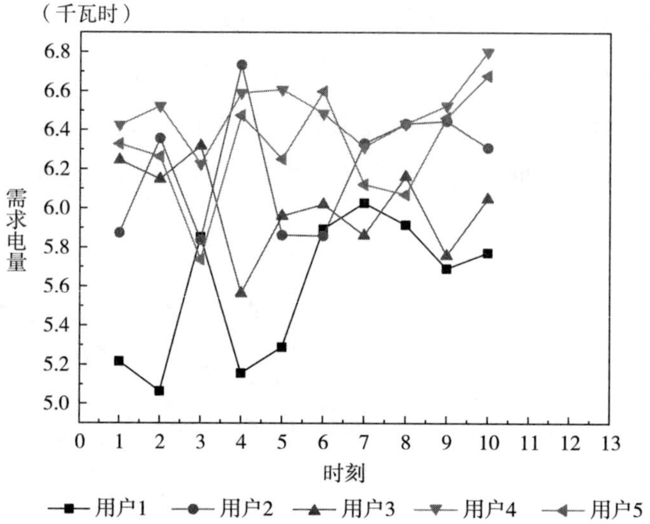

图 5.5　同类用户期望用电量

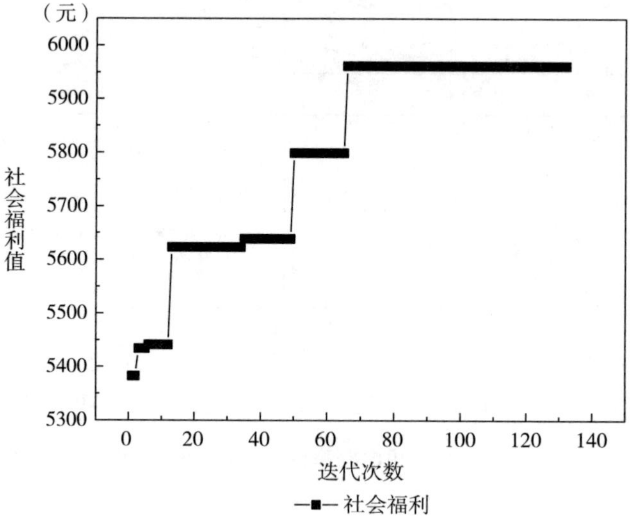

图 5.6　不同类型用户期望社会福利最大值

将两种算法在初始温度为 1000，终止温度为 0.001 时，各自运行 50 次，内循环为 10 次，降温外循环为 132 次，运行时间对比如表 5.3 所示。可以看到 a_{ij}^{i}、b_{ij}^{i}未知，用户信息不分享时，分布式定价策略算法在用户侧和供电侧的运行时间与集中式算法相差不大，简记相同类型用户为 S，不同类型用户为 D。

表 5.3　算法对比

	CPSA（S）	CPSA（D）	DPSA－U（S）	DPSA－U（D）	DPSA－G（S）	DPSA－G（D）
运行时间（s）	71.84	72.05	65.37	64.28	62.49	61.57
收敛迭代次数	65	57	61	68	54	60

考虑用户类型相同时，阶梯式增加用户数量，如图 5.7 所示，分布式算法明显展示出其优势。当用户数量增加时，分布式算法中每个用户的计算时间不受影响，供电商的运算时间随着信息量的增加而小幅增加，变化并不大。而在集中式算法中，随着用户数量的增加，运算时间激增。两者对比充分体现了分布式算法的计算效率。

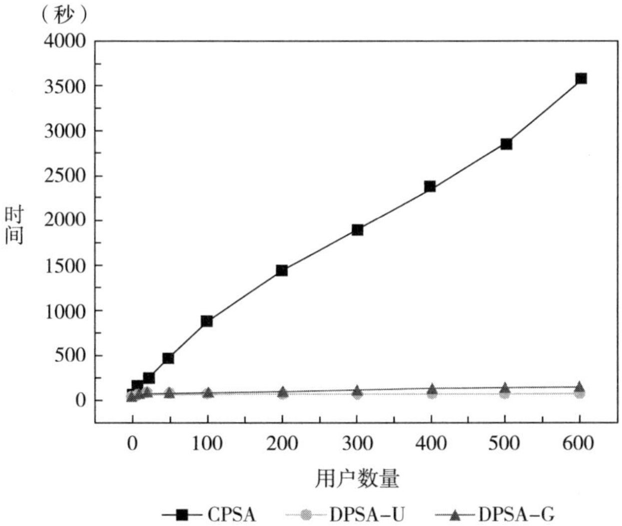

图 5.7　阶梯式增加用户数量时的运算时间

加入满足柯西分布的随机扰动，改进模拟退火算法，使其具有快速跳出局部最优的能力，提高其收敛速度。为了验证效果，针对相同类型用户，将两种算法运算求得的社会福利最大值作对比。从图 5.8 中可以看出，改进后的算法不但收敛速度快，而且求得的社会福利值更大，更加接近最优解。

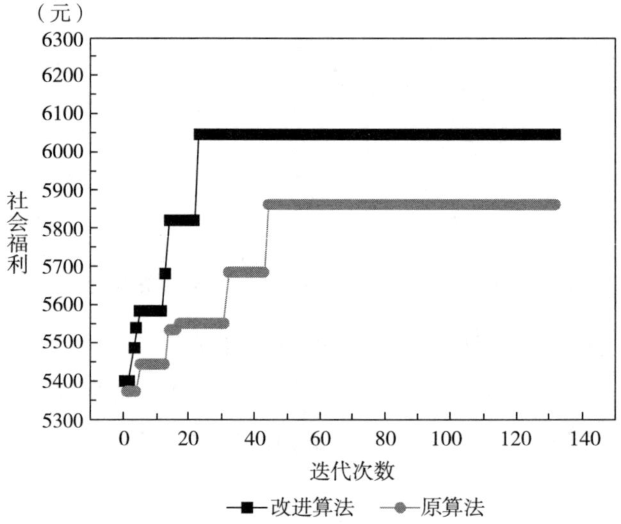

图 5.8　两算法运算效率对比

5.5　本章小结

本章从全局考虑充分利用供电商及用户间的双向影响及用户用电行为的状态转移性特征，从多阶段角度出发，通过马尔可夫决策过程进行描述，构造合理的状态转移矩阵描述用户在不同电价下的用电行为选择过程及多阶段之间的相互影响。假设每一阶段用电量的状态转移依赖于该阶段的电价，提出更具一般性的分段线性效用函数，构建有限阶段的基于马尔可夫链的社会福利期望最大化模型。分两种情况进行讨论，一种是相同类型用户间用电量的波动对电价产生影响，依赖于电价的状态转移矩阵发生对应的变化；另一种表征不同类型用户对电价反映程度的差异，将每一类不同的用户用不同的电价区别对待。最后运用模拟退火算法对模型进行求解，并进行了相应的数值模拟试验，给出多阶段实时电价定价策略以及用户每阶段的用电状态概率分布，验证了所建模型的合理性与可行性。

第 6 章　多个时刻考虑智能家用电器分类的实时电价策略

本章继续深入讨论多个时刻的社会福利最大化模型。以具有代表性的居民用户用电为目标，将用户的智能家用电器分类，考虑多个时刻用电量间以及供电商生产电量间的相互关联性，建立了一个期望社会福利最大化模型。用户参考依赖于此模型给出的多个时刻实时电价策略，可以更加合理、更加贴近实际地制定用电器的具体运行模式。

6.1　引言

在智能电网中，用户将是电力系统不可分割的一部分，鼓励和促进用户参与电力系统的运行和管理是智能电网的一个重要特征。在智能电网环境下，每个用户配备有智能电表。智能电表除承担信息传输功能外，还具有调控家庭用电信息的功能。智能电表将家庭用电设备用电量信息传输给用户，以更好地控制用电量和用电成本；将相关信息发送给电力公司，以实现负载控制和电力价格制定。另外，信息的双向互动使电网能够更快地检测断供情况。以上智能电表的两种功能对于实现正常情况和紧急情况下的能量优化管理都具有十分重要深远的意义。

从多个时刻角度出发，将 Samadi 等[84]、Song 和 Qu[85]、Asadi 等[86]、Tarasak[87]、Wang 等[88]、Zhang 等[89]、Tsai 等[90]研究中涉及的社会福利最大化模型推广为更具有一般性的情况[144-150]。以居民用户为例，具体考虑用户中的智能家电，Qian 等[95]提出了一个两阶段优化问题。它表明，每个用户对价格做出反应，并最大限度地提高其收益，而零售商设计的实时电价响应预测用户的反应，以最大限度地提高其利润。Erdinc 等[144]实现了电动汽车和能量存储系统双向利用的可能性，设计基于家庭能源管理模型混合整数线性规划框架求解所建模型，并考察了不同电动汽车拥有者的消费偏好以及双向能源交易能力对降低总电力价格的影响。Wang 等[145]研究了带有太阳能发电、蓄电池能量管理系统的商业大厦微网中的需求侧管理问题。从节约成本角度来看，随机需求侧管理优于确定性的模型，但计算时间要更多一些。另外，适度数量的电动汽车有助于降低整体运营成本，这将有助于未来大规模电动车集成到智能建筑中来。Zhao 等[146]提出了一种新的家庭能源管理系统（HEMS）与不同的负载配置，弥补了之前的研究中没有考虑到负载类型的影响。结果表明，受到负荷分布的影响能源负荷的成本会降低，而电加热负荷以及足够大的能量储存将最大限度地降低用户的成本。考虑到家用电器运行时间和能源消耗以及可再生能源产生的不确定性，Chen 等[147]设计了一种随机调度算法。

为了具体体现在智能电表的辅助下，用户积极参与到电网运行中，调节用电量。本章以居民用户为例，将家用电器具体划分为三类，必须运行、弹性及半弹性，考虑家用电器运行的连续性，前后两个时刻用电量的不确定性以及供电商供电的前后关联性等因素，推广已有的单个时刻的社会福利最大化模型。约束条件体现了由智能家用电器操作的连续性所引起的用电量波动（不确定性）。通过引入概率约束，不确定最优化问题可以等价转换为凸优化问题。证明了最优解的存在性与唯一性，进一步分析了其他性质。考虑到凸优化问题在对偶领域具有可分离性，我们建立了一个分布式在线实时电价算法以确定每个用户的用电需求以及供电商的电量供应，并求得多个时刻的实时电价定价策略。利用 Armijo 线搜索代替对偶次梯度算法中的固定步长，所提出的分布式在线实时电价算法能够克服对偶次梯度算法收敛速度慢甚至不收敛的缺陷。

6.2 问题描述及家用电器分类

6.2.1 问题描述

考虑一个微网电力系统，包含一个供电商多个居民用户的情形。用户与供电商通过信息交换设备连接在一起，便于信息交换。假设每个用户都配备有嵌有控制电量消耗调度器的智能电表，用户中的智能家电相互连接，信息互通，由电量调度器统一调控。每个设备在每个时间段或者是限制状态或者是工作状态，所考虑的时间周期为 $\mathrm{K}=\{t, t+1, \cdots, K\}$。

6.2.2 家用电器分类

令 $I=\{1, 2, \cdots, N\}$ 表示所有用户的集合，每个用户 $i \in I$ 有三类家用电器，分别记为 A_i，B_i 和 C_i。第一类家用电器 A_i 表示为必须运行的家用电器，这类用电器在固定的时间内消耗固定的电量。由于这类用电器是家居生活中必须运行的，其不具备弹性，不依赖于电价的变化而改变，或者可以假设为若改变则会大大降低用户的用电满意度，即减少效用函数的值。这类用电器包括日常照明的灯、随时可能开启的电视以及电脑等日常必备设备。这类家电也不受电能调度器的控制。第二类家用电器 B_i 包括弹性设备，如空调、热水器等可调控的设备。这类用电器的使用直接受电价的影响。当电价升高时，这类用电器的用电量随之降低，反之亦然。当然，用电量的增加也必然会带来更多的用电满意度，即更高的效用值。最后一类家用电器 C_i 包括半弹性设备，如洗衣机、洗碗机、电饭锅以及烘干器等需要一定工作时间完成既定任务的设备。与弹性设备相同的是，此类设备受电价影响工作时间可以改变，但是这类设备的工作时间是固定的。也就是说，用户在某一特定时间内完成这类用电器的工作会在不影响效用的前提下大大降低成本，也就是相当于同样的成本提高了效用。可以得到这样的结论，有效地调控家用电器 B_i 和 C_i 是实现削峰填谷的关键。

智能电表以双向通信为基础，采集用户用电模式的详细信息，为 B_i 和 C_i 两类家用电器提供自动控制，形成了家庭能源管理系统[151]。如图 6.1 所示，嵌入在智能电表中的电量调度器在每个家庭中的作用是控制 B_i 和 C_i 两类电器的开关和操作方式。供电商提供的电价和用户的能源需求通过家庭局域网实时进行交换。智能电表通过需求响应自动协调所有设备可以满足用户的需求。

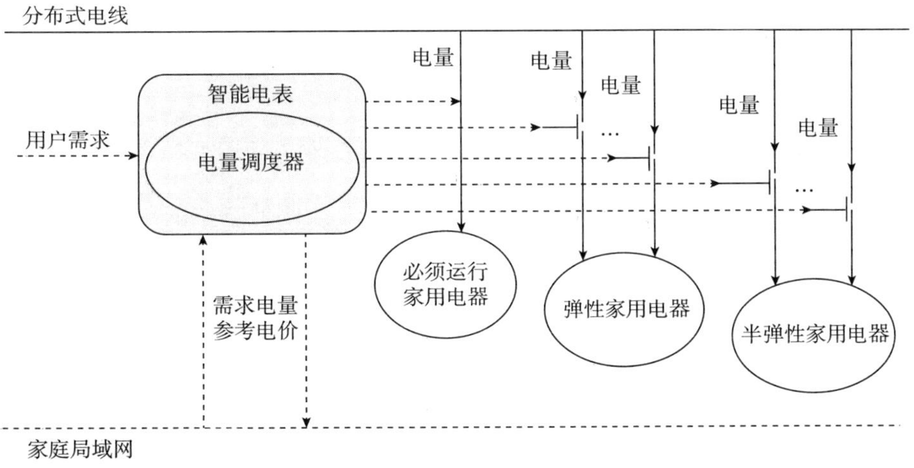

图 6.1　具有智能电表控制装置的智能电网基础设施示意图

6.2.2.1 必须运行的家用电器

令 a_u^i 表示用户 i 的家用电器，将其在调度周期 K 的电量消耗向量记为 $\vec{x}_{a_u^i} = (x_{a_u^i,,t}, x_{a_u^i,t+1}, \cdots, x_{a_u^i,K})$。每个必须运行用电器 $a_u^i \in A_i$ 的工作时间为 $K_{a_u^i} \subseteq K$，在此期间用电器每个时刻消耗 $r_{a_u^i,k}$ 单位用电量。建立公式则可以描述为：

$$x_{a_u^i,k} = \begin{cases} r_{a_u^i,k}, k \in K_{a_u^i}, \\ 0, \quad 其他 \end{cases} \tag{6.1}$$

值得一提的是，$K_{a_u^i}$ 中包含的时刻可以是间断的、不连续的。假设必须运行的家用电器有 M_{A_i} 个，运行周期内的每个时刻 $k \in K_{a_u^i}$，必须运行家用电器的总耗电量 $E_{a_u^i} = \sum_{u=1}^{M_{A_i}} x_{a_u^i,k}$ 是已知的。

6.2.2.2 弹性家用电器

每个弹性家用电器 $a_u^i \in B_i$，每个时刻电量消耗的范围如下：

$$0 \leqslant x_{a_u^i,k} \leqslant r_{a_u^i,k}^{\max}, \quad \forall k \in K \tag{6.2}$$

其中 $r_{a_u^i,k}^{\max}$ 是用电器 a_u^i 运行时所能消耗的最大用电量。假设用户 i 配备有 M_{B_i} 个弹性家用电器，并且 $R_{a_u^i,k}^{\max} = \sum_{u=1}^{M_{B_i}} r_{a_u^i,k}^{\max}$ 代表时刻 k 总的最大用电量。这类用电器更加具有灵活性，因此其操作模式并不唯一。我们会给出总的用电量 $\sum_{u=1}^{M_{B_i}} x_{a_u^i,k}$，参照这个值，用户 i 可以制定属于自己唯一的用电模式。这就意味着，对于同样的用电总量，用户有权利选择在夏天调低空调的温度或者开启电熨斗。

6.2.2.3 半弹性家用电器

对于半弹性家用电器而言，令 M_{C_i} 代表 C_i 类家用电器的数量。每个 $a_u^i \in C_i$ 在工作时间 $K'_{a_u^i} \subseteq K$ 内消耗的总电量为 $E'_{a_u^i}$，这可以用数学语言描述为：

$$0 \leqslant x_{a_u^i,k} \leqslant r_{a_u^i,k}^{\max}, \quad \forall k \in K'_{a_u^i} \tag{6.3}$$

$$x_{a_u^i,k}=0,\quad \forall k\notin \mathrm{K}'_{a_u^i} \tag{6.4}$$

$$\sum_{k\in \mathrm{K}'_{a_u^i}} x_{a_u^i,k} = E'_{a_u^i} \tag{6.5}$$

此类用电器的工作时间是连续的，即用电器一旦开启则需要完成工作任务。记用电器 $a_u^i\in C_i$ 的开启时间为 $\alpha_{a_u^i}$，结束时间为 $\beta_{a_u^i}$，则工作时间可以表示为 $\{\alpha_{a_u^i},\ \alpha_{a_u^i}+1,\ \cdots,\ \beta_{a_u^i}\}\in \mathrm{K}'_{a_u^i}$。否则，用户的用电满意度将受到严重的损害，如电饭煲，若不能在工作时间内完成做饭任务，则会带来更大的麻烦。这些性质决定了仅仅依赖于某时刻的用电量所制定的实时电价定价策略是不准确的。因此，我们需要考虑不同时刻间用电量波动的不确定性。

每个用户 i 在时刻 k 时，三种用电器消耗的总用电量为 x_i^k，具体表示如下：

$$x_i^k = \sum_{a_u^i\in A_i,B_i,C_i} x_{a_u^i,k} = E_{a_u^i} + \sum_{a_u^i\in B_i} x_{a_u^i,k} + \sum_{a_u^i\in C_i} x_{a_u^i,k} \tag{6.6}$$

6.3　期望社会福利最大化模型

6.3.1　问题建模

本节我们建立期望社会福利最大化模型，将其定义为居民用户的效用总和与供电商供电成本之差的期望。基于家用电器的具体分类，加入由家用电器工作连续性所引起的用电量波动，以及考虑不同时刻间的密切关联性，我们给出了期望社会福利最大化模型。此模型的最优解也就是需要求得的实时电力价格。具体模型如下：

$$(\mathbf{P1})\ \max E\Big[\sum_{k=t}^{K}\Big[\sum_{i=1}^{N} U_i(x_i^k,\omega_i^k) - C_k(G_k)\Big]\Big]$$

$$\text{s. t. } 0 \leqslant x_{a_u^i,k} \leqslant r_{a_u^i,k}^{\max}, \quad \forall k \in \mathrm{K}, \quad \forall a_u^i \in B_i, \tag{6.7a}$$

$$0 \leqslant x_{a_u^i,k} \leqslant r_{a_u^i,k}^{\max}, \quad \forall k \in \mathrm{K}'_{a_u^i}, \quad \forall a_u^i \in C_i, \tag{6.7b}$$

$$x_{a_u^i,k} = 0, \quad \forall k \notin \mathrm{K}'_{a_u^i}, \quad \forall a_u^i \in C_i, \tag{6.7c}$$

$$\sum_{k \in \mathrm{K}'_{a_u^i}} x_{a_u^i,k} = E'_{a_u^i}, \forall a_u^i \in C_i, \tag{6.7d}$$

$$x_i^k = E_{a_u^i} + \sum_{a_u^i \in B_i} x_{a_u^i,k} + \sum_{a_u^i \in C_i} x_{a_u^i,k}, \forall k \in \mathrm{K}, \tag{6.7e}$$

$$x_i^{k+1} = x_i^k + \delta_i^{k+1}, \quad \forall k \in \mathrm{K}, \tag{6.7f}$$

$$E\left[\sum_{i=1}^{N} x_i^k\right] \leqslant G_k, \forall k \in \mathrm{K} \tag{6.7g}$$

其中 x_i^k 和 G_k 是全局变量，而 $x_{a_u^i,k}$是局部变量。约束条件（6.7f）体现了两个时刻间用电量的波动。令 δ_i^{k+1} 是刻画不确定负载的随机变量，并且此变量 δ_i^{k+1} 服从一个期望为 $E(\delta_i^{k+1}) = \mu$，方差为 $D(\delta_i^{k+1}) = \sigma_\delta^2$ 的未知分布。进一步简化，找出各时刻用电量 x_i^k 与 x_i^t 之间的关系，我们有：

$$x_i^k = x_i^t + \sum_{j=t+1}^{k} \delta_i^j \tag{6.7f$'$}$$

实际上，约束条件（6.7g）用来确保用电总量不会超过生产电量。供电商依赖于此界限，可以确定何时需要提供额外的生产电量以确保电网不会断电。总而言之，模型中的变量需要满足约束条件（6.7a）至条件（6.7g）。

6.3.2 模型等价转化为凸优化问题

通过引入概率约束条件可以将问题（P1）等价转化为凸优化问题。首先，我们等价转换问题（P1）的目标函数。将目标函数划分为两种情况：t 时刻和其他时刻。则有：

$$E\left[\sum_{i=1}^{N} U_i(x_i^t, \omega_i^t) - C_t(G_t)\right] = \sum_{i=1}^{N} U_i(x_i^t, \omega_i^t) - C_t(G_t) \tag{6.8}$$

$$E\left[\sum_{k=t+1}^{K}\left[\sum_{i=1}^{N} U_i(x_i^k, \omega_i^k) - C_k(G_k)\right]\right] = \sum_{k=t+1}^{K} E\left[\sum_{i=1}^{N} U_i\left(x_i^t + \sum_{j=t+1}^{k} \delta_i^j, \omega_i^k\right) -\right.$$

$$C_k(G_k)] \tag{6.9}$$

显然，问题（6.9）可以离散为在每个时刻独立求解。换句话说，问题（6.9）可以分解为如下的子问题：

$$V_k = E[\sum_{i=1}^{N} U_i(x_i^t + \sum_{j=t+1}^{k} \delta_i^j, \omega_i^k) - C_k(G_k)] = \sum_{i=1}^{N} E(U_i(x_i^t + \sum_{j=t+1}^{k} \delta_i^j, \omega_i^k)) - E(C_k(G_k))$$

$$= \sum_{i=1}^{N} E(U_i(x_i^t + \sum_{j=t+1}^{k} \delta_i^j, \omega_i^k)) - C_k(G_k)\ ,\ k \in \{t+1, \cdots, K\} \tag{6.10}$$

在电网的实际运行中，用户的用电量并不是饱和的，我们只需要考虑 $0 \leqslant x_i^t + \sum_{j=t+1}^{k} \delta_i^j \leqslant \frac{\omega_i^k}{\alpha_i}$ 这种情况，此时效用函数（2.2）是二次函数，其具体表达式为：

$$\begin{aligned}
E[U_i(x_i^k, \omega_i^k)] &= E(U_i(x_i^t + \sum_{j=t+1}^{k} \delta_i^j, \omega_i^k)) = E\left[\omega_i^k(x_i^t + \sum_{j=t+1}^{k} \delta_i^j) - \frac{\alpha_i}{2}(x_i^t + \sum_{j=t+1}^{k} \delta_i^j)^2\right] \\
&= E\left[\omega_i^k x_i^t + \omega_i^k \sum_{j=t+1}^{k} \delta_i^j - \frac{\alpha_i}{2}(x_i^t)^2 - \alpha_i x_i^t \sum_{j=t+1}^{k} \delta_i^j - \frac{\alpha_i}{2}(\sum_{j=t+1}^{k} \delta_i^j)^2\right] \\
&= \omega_i^k x_i^t + \omega_i^k (k-t)\mu - \frac{\alpha_i}{2}(x_i^t)^2 - \alpha_i x_i^t (k-t)\mu - \frac{\alpha_i}{2} E(\sum_{j=t+1}^{k} \delta_i^j)^2 \\
&= \omega_i^k x_i^t + \omega_i^k (k-t)\mu - \frac{\alpha_i}{2}(x_i^t)^2 - \alpha_i x_i^t (k-t)\mu - \frac{\alpha_i}{2} D(\sum_{j=t+1}^{k} \delta_i^j) - \\
&\quad \frac{\alpha_i}{2}(E(\sum_{j=t+1}^{k} \delta_i^j))^2 \\
&= \omega_i^k x_i^t - \frac{\alpha_i}{2}(x_i^t)^2 + \omega_i^k (k-t)\mu - \alpha_i x_i^t (k-t)\mu - \frac{\alpha_i}{2}((k-t)\mu)^2 - \\
&\quad \frac{\alpha_i}{2}(k-t)\sigma_\delta^2
\end{aligned}$$

定义新的效用函数 $\widetilde{U}_i(x_i^t, \omega_i^k) = E[U_i(x_i^k, \omega_i^k)]$，当 $k \in \{t+1, \cdots, K\}$ 时，新效用函数的表达式如下：

$$\widetilde{U}_i(x_i^t,\ \omega_i^k)=\begin{cases}\omega_i^k x_i^t-\dfrac{\alpha_i}{2}(x_i^t)^2+\omega_i^k(k-t)\mu-\alpha_i x_i^t(k-t)\mu \\ \quad -\dfrac{\alpha_i}{2}((k-t)\mu)^2-\dfrac{\alpha_i}{2}(k-t)\sigma_\delta^2, \qquad 0\leqslant x_i^t\leqslant\dfrac{\omega_i^k}{\alpha_i}, \\ \dfrac{(\omega_i^k)^2}{2\alpha_i}+\omega_i^k(k-t)\mu-\alpha_i x_i^t(k-t)\mu-\dfrac{\alpha_i}{2}((k-t)\mu)^2 \\ \quad -\dfrac{\alpha_i}{2}(k-t)\sigma_\delta^2, \qquad x_i^t\geqslant\dfrac{\omega_i^k}{\alpha_i}\end{cases} \tag{6.11}$$

在公式（6.11）中，负载不确定项 δ_i^j 以期望为 μ，方差为 σ_δ^2 的形式出现。将 $\widetilde{U}_i$（x_i^t，ω_i^k）代入公式（6.10）中，可得：

$$V_k = \sum_{i=1}^{N} \widetilde{U}_i(x_i^t,\omega_i^k) - C_k(G_k) \tag{6.12}$$

考虑第一种情况 $k=t$ 时，可以看到目标函数仍然满足公式（6.12），因此目标函数（P1）可以等价转化为如下的确定性问题：

$$\widetilde{V} = \max\sum_{k=t}^{K}\left[\sum_{i=1}^{N} \widetilde{U}_i(x_i^t,\omega_i^k) - C_k(G_k)\right]$$

其次，我们将带有期望的约束条件转化为确定性约束。约束条件（6.7g）给出了对用电总量做限定的概率性约束。换句话说，供电商需要确保用户用电总和与生产电量之差超过一个给定的界限 η（很小的正数）的概率小于任意小的正数 ε。这样，约束条件（6.7g）可以近似地替换为下面的约束：

$$\Pr\left[\sum_{i=1}^{N} x_i^k - G_k \geqslant \eta\right] \leqslant \varepsilon \tag{6.13}$$

其中 η 是给定的界限，体现用户总用电量与生产电量的相差程度，ε 是很小的正数，可以理解为电力系统断电的概率。将公式（6.7f）′代入公式（6.13）中，可得

$$\Pr\left[\sum_{i=1}^{N}\left(x_i^t+\sum_{j=t+1}^{k}\delta_i^j\right)-G_k\geqslant\eta\right]=\Pr\left[\sum_{i=1}^{N}x_i^t+\sum_{i=1}^{N}\sum_{j=t+1}^{k}\delta_i^j-G_k\geqslant\eta\right]\leqslant\varepsilon$$

实际上，每个用户的随机变量 δ_1^k，δ_2^k，…，δ_N^k，$k \in \{t+1, \cdots, K\}$ 是独立的，并且服从相同的期望为 $E(\delta_i^k)=\mu$，方差为 $D(\delta_i^k)=\sigma_\delta^2$ 的未知分布。由中心极限定理可以得到这样的结论，当用户数量 N 足够大时，所有的随机变量之和 $\sum_{i=1}^{N}\sum_{j=t+1}^{k}\delta_i^j$ 服从期望为 $N(k-t)\mu$，方差为 $N(k-t)\sigma_\delta^2$ 的正态分布，即 $\sum_{i=1}^{N}\sum_{j=t+1}^{k}\delta_i^j \sim N(N(k-t)\mu, N(k-t)\sigma_\delta^2)$。进一步，将此正态分布标准化，可得 $\dfrac{\sum_{i=1}^{N}\sum_{j=t+1}^{k}\delta_i^j - N(k-t)\mu}{\sqrt{N(k-t)}\sigma_\delta} \sim N(0,1)$。

将公式（6.13）左侧的概率表达式重新改写，有：

$$\Pr\left[\sum_{i=1}^{N} x_i^k - G_k \geqslant \eta\right] = \Pr\left[\frac{\sum_{i=1}^{N}\sum_{j=t+1}^{k}\delta_i^j - N(k-t)\mu}{\sqrt{N(k-t)}\sigma_\delta} \geqslant \frac{\eta - \sum_{i=1}^{N} x_i^t + G_k - N(k-t)\mu}{\sqrt{N(k-t)}\sigma_\delta}\right] \tag{6.14}$$

令 $z \triangleq \dfrac{\sum_{i=1}^{N}\sum_{j=t+1}^{k}\delta_i^j - N(k-t)\mu}{\sqrt{N(k-t)}\sigma_\delta}$，显然，变量 z 服从期望为 0，方差为 1 的标准正态分布，公式（6.14）可以简化为

$$Pr\left[z \geqslant \frac{\eta - \sum_{i=1}^{N} x_i^t + G_k - N(k-t)\mu}{\sqrt{N(k-t)}\sigma_\delta}\right] = Q\left(\frac{\eta - \sum_{i=1}^{N} x_i^t + G_k - N(k-t)\mu}{\sqrt{N(k-t)}\sigma_\delta}\right) \tag{6.15}$$

其中 $Q(x)$ 是正态分布函数，形式为：

$$Q(x) = \int_x^{\infty} \frac{1}{\sqrt{2\pi}} e^{-t^2/2} dt \tag{6.16}$$

这样，概率约束条件（6.13）则被转化为：

$$Q\left(\frac{\eta - \sum_{i=1}^{N} x_i^t + G_k - N(k-t)\mu}{\sqrt{N(k-t)}\sigma_\delta}\right) \leqslant \varepsilon \tag{6.17}$$

显然，当 $k=t+1$，…，K 时，公式（6.17）等价于：

$$\sum_{i=1}^{N} x_i^t \leqslant G_k + \eta - N(k-t)\mu - \sqrt{N(k-t)}\sigma_\delta Q^{-1}(\varepsilon) = G_k + \varphi(k) \tag{6.18}$$

其中 $\varphi(k) = \eta - N(k-t)\mu - \sqrt{N(k-t)}\sigma_\delta Q^{-1}(\varepsilon)$。

上面我们将目标函数转化成确定性问题，并将约束条件转变为确定性约束，这样问题（P1）可以等价转换成如下的凸优化问题：

$$(\mathbf{P2})\ \max \sum_{k=t}^{K}\left[\sum_{i=1}^{N}\widetilde{U}_i(x_i^t,\omega_i^k) - C_k(G_k)\right]$$

s. t. （6.7a）－（6.7e），（6.7f）′

$$\sum_{i=1}^{N} x_i^t \leqslant G_t \tag{6.7g)$'$}$$

$$\sum_{i=1}^{N} x_i^t \leqslant G_k + \varphi(k),\ k=t+1,\ \cdots,\ K \tag{6.7g)$''$}$$

6.3.3 对偶问题及解的性质

通常来说，凸优化问题（P2）可以采用集中式算法获得全局最优解，如内点法（Interior Point Method）。但是集中式算法需要在供电侧收集所有参数的信息，这在实际操作中是很难做到的，甚至是不可行的，因为用户需要保护自身的隐私。进一步，当用户规模巨大时，信息交换的过程会产生难以预料的大数据，这也使集中式算法不再适用于求解这类实时电价问题。为了克服集中式算法的这些缺陷同时提高信息交换的速度，使模型具有可行性，我们给出问题（P2）的对偶问题，并对其采用分布式方法进行求解。

考虑问题（P2）的 Lagrange 函数：

$$L(X,G,\lambda,\theta) = \sum_{k=t}^{K}\left[\sum_{i=1}^{N}\widetilde{U}_i(x_i^t,\omega_i^k) - C_k(G_k)\right] - \lambda\left(\sum_{i=1}^{N}x_i^t - G_t + \sum_{k=t+1}^{K}\left(\sum_{i=1}^{N}x_i^t - G_k - \varphi(k)\right)\right) - \sum_{i=1}^{N}\sum_{a_u^i\in C_i}\theta_{a_u^i}\left(E'_{a_u^i} - \sum_{k\in K'_{a_u^i}} x_{a_u^i,k}\right)$$

$$= \sum_{i=1}^{N}\sum_{k=t}^{K}\widetilde{U}_i(x_i^t,\omega_i^k) - \sum_{k=t}^{K}C_k(G_k) - \sum_{i=1}^{N}\lambda(K-t+1)x_i^t + \lambda\sum_{k=t}^{K}G_k + \lambda\sum_{k=t+1}^{K}\varphi(k) - \sum_{i=1}^{N}\sum_{a_i\in C_i}\theta_{a_u^i}(E'_{a_u^i} - \sum_{k\in K'_{a_i}}x_{a_u^i,k})$$

$$= \sum_{i=1}^{N}\sum_{k=t}^{K}\widetilde{U}_i(x_i^t,\omega_i^k) - \sum_{i=1}^{N}\lambda(K-t+1)x_i^t - \sum_{i=1}^{N}\sum_{a_i\in C_i}\theta_{a_u^i}(E'_{a_u^i} - \sum_{k\in K'_{a_i}}x_{a_u^i,k}) + \lambda\sum_{k=t}^{K}G_k + \lambda\sum_{k=t+1}^{K}\varphi(k) - \sum_{k=t}^{K}C_k(G_k)$$

其中，$X=(x_1^t,\ x_2^t,\ \cdots,\ x_N^t)$，$G=(G_t,\ G_{t+1},\ \cdots,\ G_K)$，且局部的乘子 $\theta=(\theta_{a_u^i})_{M_{C_i}\times N}\in R^{M_{C_i}\times N}$，局部乘子仅仅依赖于局部约束条件。全局的 Lagrange 乘子为 $\lambda\geqslant 0$，其依赖于全局的不等式约束条件，体现模型中全局资源的信息，也是经济学中的影子价格，即我们所要研究的目标——实时电价。

Lagrange 函数最优化问题中的乘子 λ 和 θ 具有可分离性，我们可以将其改写为如下形式：

$D(\lambda,\ \theta)=\max L(X,\ G,\ \lambda,\ \theta)=S(\lambda,\ \theta)+T(\lambda,\ \theta)$

s. t. (6.7a) – (6.7c)，(6.7e)，(6.7f)′

$\lambda\geqslant 0$，$\theta=(\theta_{a_u^i})_{M_{C_i}\times N}\in R^{M_{C_i}\times N}$

其中：

$$S(\lambda,\theta) = \max_{a_u^i\in B_i,C_i}\sum_{i=1}^{N}\sum_{k=t}^{K}\widetilde{U}_i(x_i^t,\omega_i^k) - \sum_{i=1}^{N}\lambda(K-t+1)x_i^t - \sum_{i=1}^{N}\sum_{a_u^i\in C_i}\theta_{a_u^i}(E'_{a_u^i} - \sum_{k\in K'_{a_u^i}}x_{a_u^i,k})$$

$$= \max_{a_u^i\in B_i,C_i}\sum_{i=1}^{N}\Big[\sum_{k=t}^{K}\widetilde{U}_i(x_i^t,\omega_i^k) - \lambda(K-t+1)x_i^t - \sum_{a_u^i\in C_i}\theta_{a_u^i}(E'_{a_u^i} - \sum_{k\in K'_{a_u^i}}x_{a_u^i,k})\Big]$$

令 $\theta_i=(\theta_{a_u^i})_{M_{C_i}\times 1}\in R^{M_{C_i}}$，定义：

$$S_i(\lambda,\theta_i) = \max_{a_u^i \in B_i, C_i} \Big[\sum_{k=t}^{K} \widetilde{U}_i(x_i^t, \omega_i^k) - \lambda(K-t+1)x_i^t - \sum_{a_u^i \in C_i} \theta_{a_u^i}(E'_{a_u^i} - \sum_{k \in K'_{a_u^i}} x_{a_u^i,k}) \Big] \tag{6.19}$$

$$T(\lambda,\theta) = \max_{G_k} \lambda\Big(\sum_{k=t}^{K} G_k + \sum_{k=t+1}^{K} \varphi(k)\Big) - \sum_{k=t}^{K} C_k(G_k) \tag{6.20}$$

对偶问题如下：

$$\min_{\lambda \geqslant 0} D(\lambda,\ \theta) \tag{6.21}$$

基于对偶问题（6.21）的可分离性，问题（P2）可以被转化为求解两类子问题见公式（6.19）和公式（6.20）。对问题深入分析讨论，可以得到下面的定理和引理。

定理 6.1 最优化问题（P2）有唯一的全局最优解。

证明： 问题（P2）中效用函数是凹函数，成本函数是凸函数，这样，目标函数 $\widetilde{V}$ 就是求解凹函数的最大值。此外，约束集合是凸集，这样问题（P2）就是一个凸优化问题。令（X^*，G_t^*）为一个可行解，也就是满足所有约束条件的一个点。因为 $\widetilde{U}$（·）和 C（·）都是二次函数，则求和的函数 $\widetilde{V}$ 是严格凸函数。这样，可得（X^*，G_t^*）就是唯一的全局最优解。

接下来，我们给出带有不等式约束问题（P2）的 Lagrange 乘子存在性与唯一性的理论证明。

定理 6.2 对于给定的 $\overline{G}_t \in G \subseteq R$，问题（P2）的局部最优解为 $\overline{x} = (\overline{x}_1^t,\ \overline{x}_2^t,\ \cdots,\ \overline{x}_N^t) \in R^N$，其相应的 Lagrange 乘子为 $\overline{\lambda} \geqslant 0$。假设（$\overline{x}_i^t$，$\overline{G}_t$，$\overline{\lambda}$）为鞍点，则（$\overline{x}_i^t$，$\overline{G}_t$，$\overline{\lambda}$）满足带有乘子 λ 的 KKT 条件：

$$\begin{cases}\nabla_X L(\bar{x},\bar{G},\bar{\lambda},\bar{\theta}) = 0, \\ \nabla_G L(\bar{x},\bar{G},\bar{\lambda},\bar{\theta}) = 0, \\ \sum\limits_{k \in K'_{a_u^i}} \bar{x}_{a_u^i,k} = E'_{a_u^i}, \\ \sum\limits_{i=1}^{N} \bar{x}_i^t \leqslant \bar{G}_t, \\ \sum\limits_{i=1}^{N} \bar{x}_i^t \leqslant G_k + \varphi(k), k = t+1,\cdots,K, \\ \bar{\lambda}(\sum\limits_{i=1}^{N} \bar{x}_i^t - \bar{G}_t) = 0, \\ \bar{\lambda} \geqslant 0 \end{cases} \tag{6.22}$$

可以得到这样的结论，在 $\bar{G}_t$ 的邻域 $\Omega \in G$ 内，满足 KKT 条件（6.22）的 Lagrange 乘子存在且唯一。

证明：（1）存在性：由定理 6.1 可知问题（P2）的最优解是存在的。由鞍点定理，最优解存在的充要条件可得鞍点是存在的。这样问题（P2）的满足 Slater 条件的 Lagrange 乘子是存在的，此结论成立。

此外，满足 KKT 条件（6.22）的 Lagrange 乘子具有唯一性。下面我们给出严格的理论证明。

（2）唯一性：给定 $g(X,G_t) = \sum\limits_{i \in N} x_i^t - G_t$，可以验证 g（X，G_t）满足下面三个条件：

1）二阶充分性条件。

由于 $\nabla_X^2 L$（$\bar{x}$，$\bar{G}$，$\bar{\lambda}$，$\bar{\theta}$）$= -K \cdot \mathrm{diag}$（α_1，α_2，$\cdots$，α_N），$\alpha_i > 0$，可知 $\nabla_X^2 L$（$\bar{x}$，$\bar{G}$，$\bar{\lambda}$，$\bar{\theta}$）是负定矩阵。毫无疑问，结论 $[y, \nabla_X^2 L_0(\bar{x}, \bar{G}, \bar{\lambda}, \bar{\theta}) y] < 0$，$y \neq 0$，$y \in C_{\bar{S}}$（$\bar{x}$，$\bar{G}_t$）是成立的，其中：

$$C_{\bar{S}}(\bar{x},\ \bar{G}_t) = \{y \in R^n \mid [\nabla_X g(\bar{x},\ \bar{G}_t),\ y] = 0,\ \bar{\lambda} \geqslant 0,$$
$$[\nabla_X g(\bar{x},\ \bar{G}_t),\ y] \leqslant 0,\ g(\bar{x},\ \bar{G}_t) = 0,\ \bar{\lambda} < 0\}$$

2）线性独立约束规范。

可见，问题（P2）只有一个约束条件，且$\nabla_X g(\bar{x}, \bar{G}_t) \neq 0$，即约束条件的梯度不为零，换句话说，约束条件是线性无关的。

3）严格互补性。

问题（P2）是对智能电网的实际问题进行建模，Lagrange 乘子 λ 是经济学中的影子价格，基于此，可知此条件成立。意味着在实际问题中，电力生产还没有达到用户用电饱和的程度。效用函数是单调增加的，随着供电商生产电量的增加，总体的社会福利值一定是增加的。即 $g(\bar{x}, \bar{G}_t)=0$ 等价于 $\bar{\lambda}>0$。

满足上面三个基本条件时，在 $\bar{G}_t$ 的某个邻域 Ω 内，存在连续可微函数 $X(\cdot): \Omega \to R^N$，$\lambda(\cdot): \Omega \to R^+$，以及 $\theta(\cdot): \Omega \to R^{M_{C_i} \times N}$ 满足 $X(\bar{G}_t)=\bar{x}$ 和 $\theta(\bar{G}_t)=\bar{\theta}$。这意味着，当参变量发生微小变化时，局部最优解与相应的 Lagrange 乘子都是局部唯一存在的，并且各自的变化曲线也都是光滑的。

引理 6.1 问题（P2）的局部最优解 $x^*_{a_u^i,k}(\lambda, \theta_i)$ 满足如下结论：

（1）对于所有的 $a_u^i \in A_i$，有：

$$R_{a_u^i,k} = x_{a_u^i,k} = \begin{cases} r_{a_u^i,k}, & k \in \mathrm{K}_{a_u^i}, \\ 0, & \text{otherwise} \end{cases} \tag{6.23}$$

（2）对于所有的 $a_u^i \in C_i$ 和 $k_j \in \mathrm{K}'_{a_u^i}$，有：

$$x^*_{a_u^i,k}(\lambda, \theta_i) = \begin{cases} r^{\max}_{a_u^i,k}, \ \text{if } j \in \left\{1, 2, \cdots, \left[\dfrac{E'_{a_u^i}}{r^{\max}_{a_u^i,k}}\right]\right\} \text{ and } k_j \in \mathrm{K}'_{a_u^i}, \\ E'_{a_u^i} - r^{\max}_{a_u^i,k} \times \left[\dfrac{E'_{a_u^i}}{r^{\max}_{a_u^i,k}}\right], \ \text{else if } j = \left[\dfrac{E'_{a_u^i}}{r^{\max}_{a_u^i,k}}\right]+1 \text{ and } k_j \in \mathrm{K}'_{a_u^i}, \\ 0, \ \text{otherwise} \end{cases} \tag{6.24}$$

（3）对于所有的 $a_u^i \in B_i$，有：

$$\sum_{a_u^i \in B_i} x^*_{a_u^i,k}(\lambda,\theta_i) = \left[\widetilde{U}'^{-1}_i(\lambda(K-t+1)) - E_{a_u^i} - \sum_{a_u^i \in C_i} x^*_{a_u^i,k} \right]_0^{\sum_{a_u^i \in B_i} r^{\max}_{a_u^i,k}},$$

$$\forall k \in \mathrm{K} \tag{6.25}$$

证明：显然，公式（6.1）也就是公式（6.23）。可以从公式（6.3）、公式（6.4）和公式（6.5）得到结论，最优解满足公式（6.24）。接下来，我们只需要证明公式（6.25）是成立的。

$$\begin{aligned} S_i(\lambda,\theta_i) &= \max_{a_u^i \in B_i} \sum_{k=t}^{K} \widetilde{U}_i(x_i^t,\omega_i^k) - \lambda(K-t+1)x_i^t - \sum_{a_u^i \in C_i} \theta_{a_u^i}(E'_{a_u^i} - \sum_{k \in K'_{a_u^i}} x^*_{a_u^i,k}) \\ &= \max_{a_u^i \in B_i} \sum_{k=t}^{K} \widetilde{U}_i(E_{a_u^i} + \sum_{a_u^i \in B_i} x_{a_u^i,k} + \sum_{a_u^i \in C_i} x^*_{a_u^i,k},\omega_i^k) - \lambda(K-t+1) \\ &\quad (E_{a_u^i} + \sum_{a_u^i \in B_i} x_{a_u^i,k} + \sum_{a_u^i \in C_i} x^*_{a_u^i,k}) - \sum_{a_u^i \in C_i} \theta_{a_u^i}(E'_{a_u^i} - \sum_{k \in K'_{a_u^i}} x^*_{a_u^i,k}) \end{aligned} \tag{6.26}$$

s. t. $0 \leqslant x_{a_u^i,k} \leqslant r^{\max}_{a_u^i,k}$，$\forall k \in \mathrm{K}$，$\forall a_u^i \in B_i$

令$\widetilde{U}'_i$（x_i^t，ω_i^k）和$\widetilde{U}'^{-1}_i$（·）分别表示$\frac{\partial \widetilde{U}(x_i^t,\ \omega_i^k)}{\partial x_{a_u^i,k}}$和$\widetilde{U}'_i$（·）的反函数。由于$\widetilde{U}_i$（·）是凸函数，将目标函数关于$x_{a_u^i,k}$求偏导数，并令导数等于零，可以求得问题（6.26）的最优解。可得，最优解满足公式（6.25）。因此引理成立。

6.3.4　分布式在线实时电价算法

在本节中，我们将用分布式方法对问题（P2）进行求解，因此供电商和每个用户可以独立地求解子问题 $T(\lambda,\ \theta)$ 和 $S_i(\lambda,\ \theta_i)$，而不需要分享全局信息。在此过程中，用户不需要分享自身的效用函数以及弹性系数给供电商，这也就起到了保护隐私的作用。为了体现用户与供电商之间交换必要的电量信息，我们设计了分布式在线实时电价算法。利用此算法，在初始时刻，供电商向用户公布初始的实时电价，在此电价基础之上，用户计算时刻

t 的用电量，并且更新 $\theta_{a_u^i}{}^{\tau+1}$。每个用户将其总的耗电量 $x_{a_u^i,k}$（λ^τ，$\theta_i^{\tau+1}$）分享给供电商。依赖于用户的总用电量以及自身的生产电量，供电商更新实时电价 $\lambda^{\tau+1}$。当信息交换达到均衡时，也就得到了问题（P2）的最优解。乘子的迭代公式如下：

$$\lambda^{\tau+1} = \left[\lambda^\tau - \alpha_k \frac{\partial D(\lambda^\tau,\theta^\tau)}{\partial \lambda^\tau}\right]^+$$

$$= [\lambda^\tau + \alpha_k(\sum_{i=1}^{N}(K-t+1)x_i^t(\lambda^\tau) - \sum_{k=t}^{K}G_k(\lambda^\tau) - \sum_{k=t+1}^{K}\varphi(k))]^+ \tag{6.27}$$

$$\theta_{a_u^i}{}^{\tau+1} = \theta_{a_u^i}{}^{\tau} - \beta_k \frac{\partial S_i(\lambda^\tau,\ \theta_{a_u^i}{}^{\tau})}{\partial \theta_{a_u^i}{}^{\tau}} = \theta_{a_u^i}{}^{\tau} + \beta_k(E'_{a_u^i} - \sum_{k\in K'_{a_u^i}} x_{a_u^i,k}(\theta_{a_u^i}{}^{\tau})) \tag{6.28}$$

其中，上标τ为迭代次数，且符号 $[x]^+ = \max\{x,\ 0\}$。对偶次梯度算法中涉及的步长 α_k 和 β_k 是固定不变的，这使算法面临着收敛速度慢的缺陷，对步长的数值敏感性甚至导致算法不收敛。将对偶次梯度算法中的固定步长替换为变量形式，我们引入 Armijo 线搜索算法。这样在每次迭代过程中，首先更新步长，然后再进行迭代。Armijo 线搜索方法具体步骤如下：

假定步长 $\alpha_k = \bar{\alpha}\rho^{m_k}$，$\beta_k = \bar{\beta}\upsilon^{n_k}$，其中 m_k 和 n_k 分别是满足公式（6.29）和公式（6.30）的第一个非负整数 m 和 n。

$$D(\lambda^{\tau+1},\ \theta^\tau) - D(\lambda^\tau,\ \theta^\tau) \leqslant c\,\bar{\alpha}\rho^m \nabla D(\lambda^\tau,\ \theta^\tau)^T \frac{\partial D(\lambda^\tau,\ \theta^\tau)}{\partial \lambda^\tau} \tag{6.29}$$

$$S_i(\lambda^\tau,\ \theta_{a_u^i}^{\tau+1}) - S_i(\lambda^\tau,\ \theta_{a_u^i}^{\tau}) \leqslant d\,\bar{\beta}\upsilon^n \nabla S_i(\lambda^\tau,\ \theta_{a_u^i}^{\tau})^T \frac{\partial S_i(\lambda^\tau,\ \theta_{a_u^i}^{\tau})}{\partial \theta_{a_u^i}^{\tau}} \tag{6.30}$$

其中，$\bar{\alpha}>0$，ρ，$c\in$（0，1），$\bar{\beta}>0$，υ，$d\in$（0，1）。

分布式在线实时电价算法包括以下两个部分（见表 6.1 和表 6.2）：

分布式在线实时电价算法收敛于问题（P2）的全局最优解[152-153]。

表 6.1　算法 A：分布式在线实时电价算法（用户侧）

Stpe 1	初始化：对于用户 $i\in N$，初始化 ω_i^k，$\forall k\in$ K，$\theta_{a_u^i}^{\tau}$
Step 2	重复：在时刻 t，智能电网中的每个用户做下面的事情： a）从供电侧接收更新的电价 λ^{τ}； b）求解问题（6.19）； c）利用 Armijo 线搜索方法（6.30）求得 β_k； d）利用公式（6.28）更新 $\theta_{a_u^i}^{\tau}$； e）将解的信息 $x_{a_u^i,k}^{\tau}$，$\forall k\in K$，$a_u^i\in A_i$，$a_u^i\in B_i$ 和 $a_u^i\in C_i$ 传送给供电商
Step 3	停止准则：直到 $\left\|\lambda^{\tau+1}-\lambda^{\tau}\right\|<\varepsilon_1$ 和 $\left\|\theta_{a_u^i}^{\tau+1}-\theta_{a_u^i}^{\tau}\right\|<\varepsilon_2$ 同时成立，其中 ε_1，$\varepsilon_2>0$，则算法停止
Step 4	那么 $\theta_{a_u^i}^{*}=\theta_{a_u^i}^{\tau+1}$，$x_{a_u^i,k}^{*}=x_{a_u^i,k}^{\tau}$

表 6.2　算法 B：分布式在线实时电价算法（供电侧）

Step 1	初始化：λ^{τ}
Step 2	重复：在时刻 t，供电商需要做下面的事情： a）从所有的用户处接收更新的信息 $x_{a_u^i,k}^{\tau}$，$\forall k\in K$，$i\in N$ 和 $a_u^i\in A_i$，$a_u^i\in B_i$，$a_u^i\in C_i$； b）求解问题（6.20）以获得 G^{τ}； c）利用 Armijo 线搜索（6.29）得到 α_k； d）用公式（6.27）更新实时电价 $\lambda^{\tau+1}$； e）公布更新的实时电价 $\lambda^{\tau+1}$信息给用户
Step 3	停止准则：直到 $\left\|\lambda^{\tau+1}-\lambda^{\tau}\right\|<\varepsilon_1$ 和 $\left\|\theta_{a_u^i}^{\tau+1}-\theta_{a_u^i}^{\tau}\right\|<\varepsilon_2$ 同时成立，则算法停止
Step 4	那么 $\lambda^{*}=\lambda^{\tau+1}$，$G^{*}=G^{\tau}$

6.4 数值仿真

在本节我们进行数值实验，验证所建立模型得到的实时电价机制是有效的。考虑一个微网电力系统，时间周期为 K = {1, 2, …, 24}，也就是将一天划分为24个时刻，即每个时刻为1小时。用户数量为 $N=50$。假设任一用户 i 有10个家用电器，其中包括两个第一类必须运行的家用电器 a_1，$a_2 \in A_i$。其工作时段 $K_{a_u^i}$ 为整个的时间周期 K。这类用电器在一天中每个时刻的电力消耗是固定不变的，不依赖于电价而变化。此类用电器的用电量在区间［1，2］中任意选取。第二类弹性家用电器 B_i 包括 a_3，a_4，a_5，a_6 四个用电器。这类家用电器的操作模式并不唯一。我们只需要关注这类家用电器在时刻 k 消耗的总用电量即可。令总用电量的上限为 $R_{a_u^i,k}^{\max} = \sum_{a_u^i \in B_i} r_{a_u^i,k}^{\max} = 8$，即总用电量不会超过这一数值。第三类半弹性家用电器 C_i 包括 a_7，a_8，a_9，a_{10} 四个用电器。它们完成工作任务所需要的总电量分别为4.8、13、5和6，期望工作时段分别为 {1, 2, …, 10}，{6, 7, …, 12}，{1, 2, …, 8} 和 {12, 13, …, 20}。假设随机变量 δ_i^{k+1} 服从一个期望为 $E(\delta_i^{k+1})=0.5$，方差为 $D(\delta_i^{k+1})=2$ 的未知分布。供电商的成本函数 $C_k(G_k)$ 中参数为 $a_k=0.05$，$b_k=c_k=0$。用户 i 的效用函数选择为如下的二次函数，且弹性系数 $\omega_i^k \in [1, 3.5]$：

$$U_i(x_i^k, \omega_i^k) = \begin{cases} \omega_i^k x_i^k - \frac{1}{8}(x_i^k)^2, & 0 \leqslant x_i^k \leqslant 4\omega_i^k; \\ 2(\omega_i^k)^2, & x_i^k \geqslant 4\omega_i^k \end{cases}$$

多次运行给定的算法，给出结果的均值。每个用户求出最佳的用电量，供电商则求出最佳生产电量以及实时电价。

从图 6.2 中可以看出，在时刻 $k=t$ 时，由分布式在线实时电价算法可得实时电价为 $\lambda=1.2195$。图 6.2 对比了对偶次梯度算法以及在线实时电价算法的收敛性。可以看到当固定步长选取为 $\alpha_k=0.01$ 时，对偶次梯度算法在迭代 130 次时收敛。而利用 Armijo 线搜索算法的分布式在线实时电价算法则在第 82 次迭代时收敛。这大大提高了算法的运算速度。

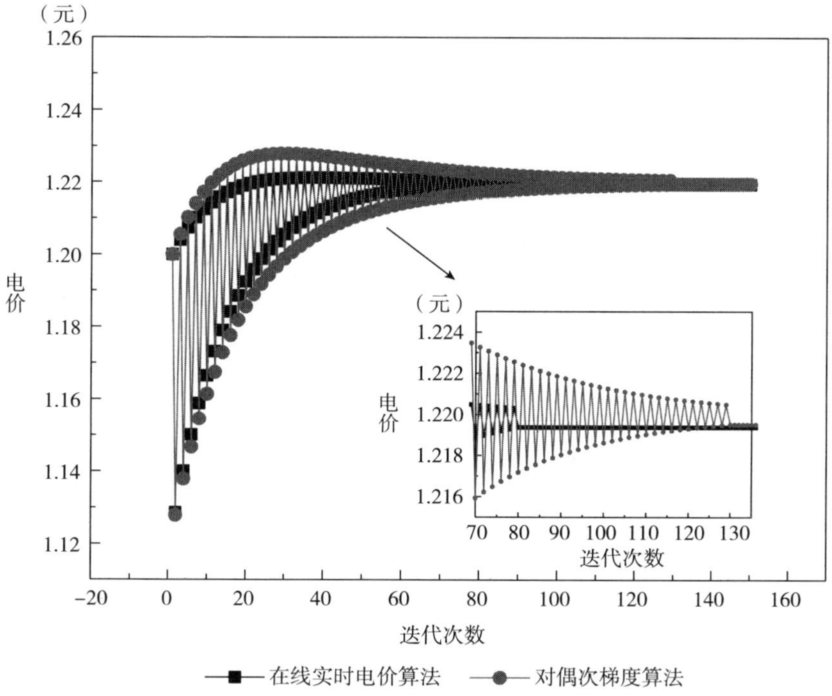

图 6.2　两类算法的收敛性对比

一旦电力价格确定下来，家用电器的最佳参考用电量也就确定下来了。图 6.3 给出了用户 i 在每个时刻，三类用电器电力消耗的具体数值，这为家用电器的具体操作运行给出了一个参考。用户不需要考虑第一类必须运行的家用电器，因为这类用电器的运行并不依赖于电价，不会随着电价而改变。

第二类弹性家用电器具有高度的灵活性，因此操作模式并不唯一，我们只需要给出可供参考的用电总量即可。图 6.3 中用户可以依据给定的参考用电总量，制定第二类用电器的运行模式。每个用户 i 可以依赖自己的喜好，制定不同的模式。

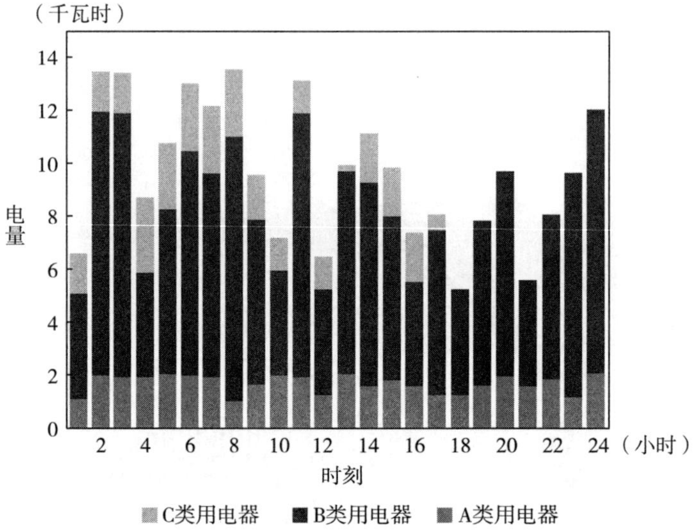

图 6.3　三类家用电器的用电量

在图 6.4 中我们给出了第三类半弹性用电器 C_i 的参考用电模式。可以看到这类用电器的运行时段是连续的，因此，何时开启用电器至关重要，图 6.4 充分体现了这些信息。例如家用电器 9 的工作时段为 [1，10]，这意味着此用电器需要在时刻 1 到时刻 10 之内完成工作任务。从图 6.4 中我们可以看到，家用电器 9 在时刻 2 开启，在时刻 5 关闭，也就是说，用电器在时刻 {1，2，…，10} 内完成了任务。

图 6.3 和图 6.4 验证了引理 1 的结论，进一步可知，合理的安排弹性设备 B_i 以及半弹性设备 C_i 是削峰填谷的关键。

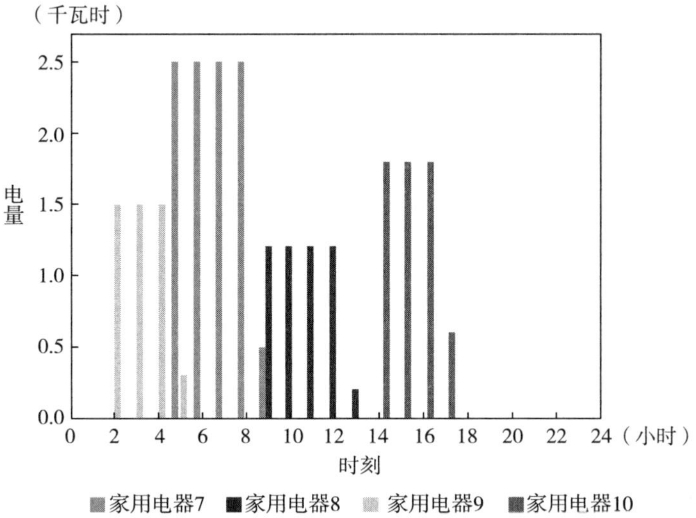

图 6.4　C_i 类用电器的用电量

当我们选取随机变量 δ_i^{k+1} 服从期望为 $E(\delta_i^{k+1})=0$，方差为 $D(\delta_i^{k+1})=0$ 的分布时，问题（P1）被简化为基本的社会福利最大化模型（简记为原始模型）。将我们建立的带有不确定性约束的模型与原始模型作对比，图 6.5 中给出了两类模型下最佳生产电力的对比。可以看到，原始模型下供电侧提供的最佳生产电量波动大，而不确定性模型下供电侧的最佳生产电量波动较小，这说明带有不确定性的模型能够更好地实现削峰填谷的作用，达到智能电网中需求侧管理的基本目标，更加符合供电商供电平稳的要求。

图 6.6 中，将两种模型下的社会福利最大值作对比，可以看到，带有不确定性的模型以及原始模型两种模型下的社会福利值相差不大。结合图 6.5 的结果，有此结论，带有不确定性的模型可以在不影响社会福利最大值的前提下更好地实现削峰填谷，确保生产电量的稳定性。

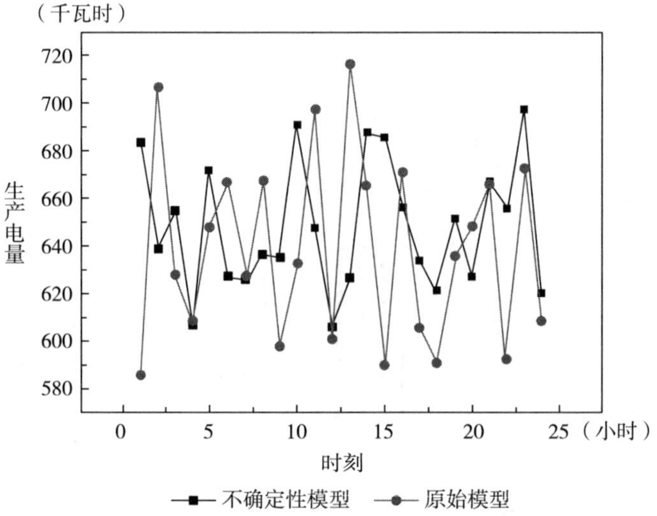

图 6.5　最佳生产电量的对比

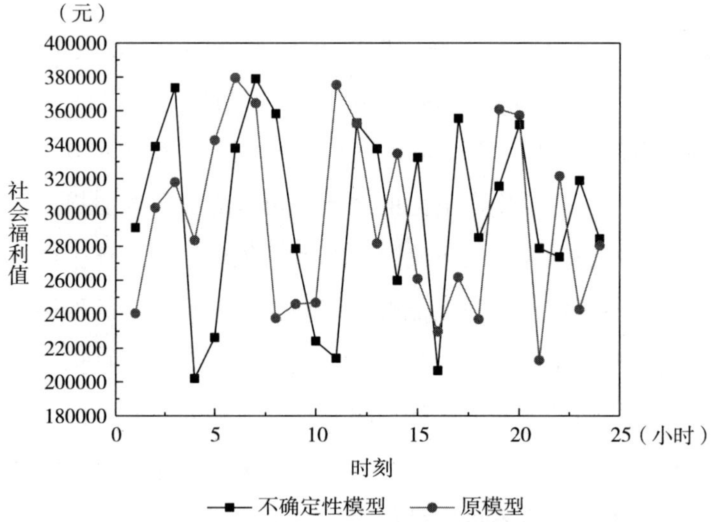

图 6.6　社会福利最大值的对比

图 6.7 给出了分布式在线算法的最优解，包括一天内的最佳生产电量（圆形标识）、用户的总用电量（方形标识）以及可供参考的实时电价（星

形标识)。由图 6.7 可以得到这样的结论，一方面，每个时刻的实时电价都与用户的总用电量息息相关。实时电价定价策略的实施，调动了用户参与电网运行的积极性，主动在用电低谷期也就是电价较低时积极用电。这不仅降低了供电商的供电压力，同时也可以减少用户的电力费用，在电力供应上实现削峰填谷达到供需平衡，在资源配置上实现最优。另一方面，生产电量略微高于用户的总用电量，这也确保了电网不会发生停电的现象。这样数值模拟结果验证了所建立的实时电价最优化模型的合理性，以及所涉及的分布式实时电价算法的可行性。

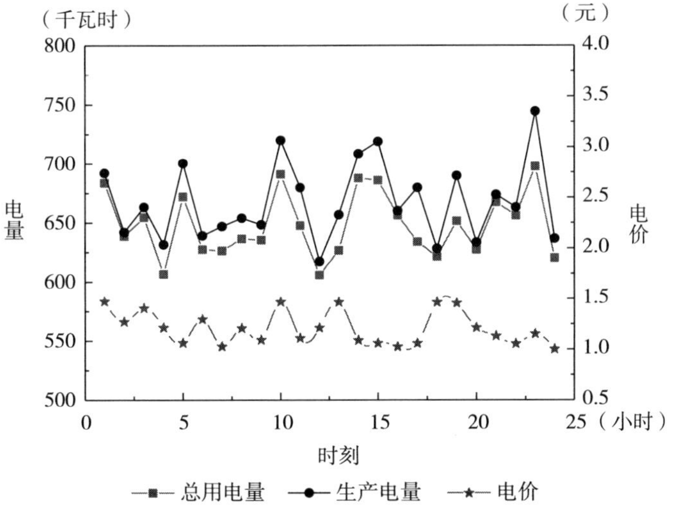

图 6.7　分布式在线实时电价算法的最优解

6.5　本章小结

从全局出发，考虑供电侧和需求侧双向信息互动，我们建立了期望社会福利最大化模型。将家用电器进行分类，同时考虑了家用电器工作具有连续性所引起的多个时刻之间用电量的波动情况。与基本的社会福利最大化模型作对比，我们所建立的带有不确定性的模型，可以在不影响社会福利的前提下确保供电商供电更加具有平稳性。采用对偶方法求解此模型，可以将问题分解为供电侧和用户侧两类子问题分别进行研究。这不但保护了用户的隐私，同时也提高了信息交换的速度，实现了实时的需求。利用 Armijo 线搜索方法替换对偶次梯度算法中的固定步长，大大提高了分布式在线实时电价算法的收敛速度，避免了原算法中对步长的敏感依赖性，收敛速度慢甚至不收敛的缺陷。进一步，对于大规模的用户数量而言，算法的收敛速度起到至关重要的作用，也更彰显了此算法的优势。最终，模拟仿真验证了实时电价可以有效地引导用户积极参与到电网运行中，会主动在低谷时刻用电，这可以有效地实现削峰填谷，更好地实现资源配置。

第7章 马尔可夫过程下考虑智能家用电器分类的实时电价策略

本章进一步研究多个时刻考虑家用电器分类的社会福利最大化模型，借助于马尔可夫过程刻画多个时刻间的关联性，利用概率转移矩阵刻画智能家居中的弹性用电器前后时刻间的用电关联性。引入若干个状态转移函数反映半弹性用电器的运行过程。这一过程确保了智能家电的运行特性被充分展现出来。为了提高计算效率同时兼顾保护用户的隐私，文中将优化问题拆分为用户侧和供电侧两类子问题。在用户侧，设计改进的模拟退火算法求解最优化问题；在供电侧，借助于对偶次梯度算法求解凸优化问题。

7.1 引言

基于价格的需求侧管理机制能够有效地调动电力用户参与电网运行的积极性，借助于智能电表可以调整用户的用电行为，进而改变其固有的用电模式。例如，用户可以基于不同时段的实时电价机制重置空调的温度，或更改其他用电器的开启和关闭时间以节省电费。用户用电模式的群体性改变将有效地改善用户侧的尖峰负载，并缓解供电侧的供电压力。

将用户智能家电的具体运行模式引入社会福利最大化模型中，能够更好地管理用户的用电行为，以确保社会福利最大化模型的可行性。基于家用电器的分类，Qian 等[95]提出了由电价确定的两阶段优化模型。该模型得出的结论是，每个用户对价格做出反应，并使其收益最大化，而卖方设计 RTP 以响应预测用户的反应，最终使其利润最大化。然而，有必要指出的是，该模型没有考虑用户用电模式多个时刻间的相互关联性。

正如 Chang（2013）提到的，如果一个小区内的所有用户都得到相同的动态价格，那么每个用户单独运行的家庭能源管理系统将同时做出调整，在价格低谷期运行最大负荷，这将导致在这一时刻出现新的用电高峰。这种现象通常被称为“反弹效应”。这是电力市场存在的问题之一，也是本章所要解决的问题。

本章在智能家电分类和马尔可夫过程应用的背景下，关注时刻间的相关性，旨在为需求侧管理提供一个更全面的指导策略进行深入研究。为确保供需双方的整体利益，建立社会福利最大化模型。避免反弹效应的出现，本章在优化模型中引入用户间的耦合系数。在能源调度期的开始时刻给定初始参考电价，在对模型进行讨论与分析的基础之上，本书为未来智能电网开发了一种新的实时定价方案。本章研究的主要创新性概括如下：

（1）将智能家电分为必须运行、弹性和半弹性三种类型；引入耦合系数表示用户之间的相互依赖关系；建立期望社会福利最大化模型。

（2）用马尔可夫过程表示家用电器的运行过程；用概率转移矩阵表示弹性电器有限功耗状态的转移；建立概率转移函数，以反映半弹性电器的工作特性，考虑其运行方式、运行时间和等待时间。

（3）将问题拆分为两个子问题，基于分布计算的优点，开发了一种改进的模拟退火算法来解决用户侧的优化问题；采用对偶次梯度法来解决供电侧的凸优化问题；用户与供电商之间的信息交换可以得到最优的实时定价策略，实现共赢。

7.2 设备负载模型

本节主要讨论含有一个供电商和多个居民用户的微电网。假设供电商和所有居民用户通过通信基础设施相互连接实时交换信息。根据智能家电的工作特点，将其划分为三类。此外，将利用马尔可夫过程来体现电力消耗的多时刻之间的相关性。为了构建期望社会福利最大化模型，本节末将给出用户的一般效用函数和供电商的成本函数。

7.2.1 智能家电

假设每个用户都配备一个智能电表，该电表具有能够控制家庭能耗的能量调度单元。对于所有用户而言，智能家电都是联网的且可以由能量调度单元控制。在所划分的时刻内，每个设备可以处于运行和闲置两种状态。整个时间周期设定为 K = $\{t, t+1, \cdots, K\}$。令 I = $\{1, 2, \cdots, q\}$ 表示所有用户的集合，假设每个用户 i 将其智能家电划分为三类，即必须运行、弹性和半弹性，分别记作 A_i，B_i 和 C_i。对于用户 i 的每个设备 a_u^i，将其在时间周期 K 内的能量消耗记作向量$\vec{x}_{a_u^i}$，表示如下：

$$\vec{x}_{a_u^i} = (x_{a_u^i}^t, x_{a_u^i}^{t+1}, \cdots, x_{a_u^i}^K) \tag{7.1}$$

7.2.2 必须运行电器

第一类 A_i 是必须运行的家用电器。它在固定的时间周期内消耗固定的电量，是居民用户日常必备的基本电量，不具备灵活性。这也意味着无论电价高低，这类用电器的电量都不会做出相应的改变。这类用电器包括日常照明用电、电视和电冰箱等。假设每个必须运行的用电器 $a_u^i \in A_i$ 每时刻消耗 $r_{a_u^i,k}$单位电量。在时刻 $k \in \mathrm{K}$，这类用电器的用电总和 $E_{a_u^i} = \sum_{u=1}^{M_{A_i}} x_{a_u^i}^k = \sum_{u=1}^{M_{A_i}} r_{a_u^i,k}$ 是已知的，可以由历史数据得知，其中 M_{A_i}表示必须运行智能家电的数量。

7.2.3 弹性电器

第二类 B_i 是弹性家用电器。这类用电器的运行具有相当大的灵活性，比如热水器、空调等，依赖于电价的波动这类用电器的用电量会做出相应的调整。也就是说，当电价升高时，此类用电器的用电量下降，反之亦然。在用户用电量不饱和的情况下，弹性电器获得更高的用电量，用户则会获得更高的满意度。

每个第二类用电器 $a_u^i \in B_i$，每时刻的电量消耗满足如下约束：

$$0 \leqslant x_{a_u^i}^k \leqslant r_{a_u^i,k}^{\max}, \quad \forall k \in K \tag{7.2}$$

其中 $r_{a_u^i,k}^{\max}$是用电器 a_u^i 在时刻 k 内运行时所能消耗的最大用电量。假设用户 i 配备有 M_{B_i}个弹性设备，并令 $x_{B_i}^k = \sum_{u=1}^{M_{B_i}} x_{a_u^i}^k$ 表示第二类用电器的总耗电量。由于这类用电器的高度灵活性，其运行模式不唯一。因此，用户会更加关注此类用电器的用电量总和 x_{B_i}，并且制定依赖于此用电量总和的专属用电计划。例如对于某个总用电量 x_{B_i}，用户可以选择改变空调温度或者开启热水器。

用户的电量消耗是连续的，本节假定用电量消耗具有无后效性，即下一时刻的用电量只依赖于此刻，而与之前的用电量无关。为了更好地刻画多个时刻间电量消耗的关联性，本节引入马尔可夫过程进行研究。首先介绍一下马氏性。假设 S_{B_i}（k）是状态空间，它包含第二类用电器 B_i 用电总和所能取到的所有的可能性，即 $x_{B_i}^k \in S_{B_i}$（k）。将此性质公式化，可得：

$$\begin{aligned} P\{S_{B_i}(k+1) = x_{B_i}^{k+1} \mid S^i(0) = x_{B_i}^0,\ S_{B_i}(1) = x_{B_i}^1,\ \cdots,\ S_{B_i}(k) = x_{B_i}^k\} \\ = P\{S_{B_i}(k+1) = x_{B_i}^{k+1} \mid S_{B_i}(k) = x_{B_i}^k\} \end{aligned}$$

假设每个时刻的状态空间是相同的，即当 $k \in K$，$S_{B_i} = S_{B_i}(k)$。为了利用马尔可夫过程进行研究，需要将连续的状态空间离散化。将 S_{B_i} 均匀划分为 N 个状态 $S_{B_i} = \{S_{B_i}^1, S_{B_i}^2, \cdots, S_{B_i}^N\}$，其中 $S_{B_i}^1 = \min\limits_{k \in K} \sum\limits_{a_u^i=1}^{M_{B_i}} x_{a_u^i}^k$，$S_{B_i}^N = \max\limits_{k \in K} \sum\limits_{a_u^i=1}^{M_{B_i}} x_{a_u^i}^k$，区间长度为 $d = \dfrac{S_{B_i}^N - S_{B_i}^1}{N-1}$。令向量 $\pi^i(k) = [\pi_{B_i}^1(k), \pi_{B_i}^2(k), \cdots, \pi_{B_i}^N(k)]^T \in [0, 1]^N$ 为概率分布，其中 $\pi_{B_i}^n(k) \in [0, 1]$，$n \in \{1, 2, \cdots N\}$ 意味着状态 B_i 类用电器总用电量为 $S_{B_i}^n$ 的概率。此外，概率分布必须满足如下条件：

$$\sum_{n=1}^{N} \pi_{B_i}^n(k) = 1 \tag{7.3}$$

在时刻 k 电量消耗状态 $S_{B_i}(k)$ 是已知的，下一时刻的电量消耗为 $S_{B_i}(k+1)$ 的概率可以由概率转移分布得到，表示为 $p_{k,k+1}^i = \Pr\{S_{B_i}(k+1) = x_{B_i}^{k+1} \mid S_{B_i}(k) = x_{B_i}^k\}$。依赖于时刻 k 的电价 $\lambda(k)$，状态转移概率矩阵假定如下：

$$P_{k,k+1}^i(\lambda(k)) = \begin{bmatrix} a_{11}^i + b_{11}^i\lambda(k) & \cdots & a_{1N}^i + b_{1N}^i\lambda(k) \\ a_{21}^i + b_{21}^i\lambda(k) & \cdots & a_{2N}^i + b_{2N}^i\lambda(k) \\ \vdots & \vdots & \vdots \\ a_{N1}^i + b_{N1}^i\lambda(k) & \cdots & a_{NN}^i + b_{NN}^i\lambda(k) \end{bmatrix} \tag{7.4}$$

其中 a_{ef}^i 和 $b_{ef}^i < 0$ 是已知参数，且参数满足如下条件：

$$0 \leqslant a_{ef}^i + b_{ef}^i\lambda(k) \leqslant 1, \ e = 1, 2, \cdots, N, \ f = 1, 2, \cdots, N \tag{7.5}$$

且每列满足：

$$\sum_{e=1}^{N} a_{ef}^i + b_{ef}^i\lambda(k) = 1, \ f = 1, 2, \cdots, N \tag{7.6}$$

令 $\overline{A}_{ef}^i = [a_{ef}^i, b_{ef}^i]$，显然，$P_{k,k+1}^i(\lambda(k))$ 依赖于 $\lambda(k)$ 和 $\overline{A}_{ef}^i$，且与价格 $\lambda(k)$ 成反比例。

为了激励用户在用电低谷期积极用电，供电侧在低谷期设置一个较低的电价。这可以有效地实现削峰填谷，但是大量用户依赖于较低电价集中使用弹性设备则会导致一个新的用电高峰诞生。这种现象被描述为“回弹效应”。相应地，新的用电高峰会促使供电商提高电价，继而用户需要依赖于增高的电价重新调整弹性设备的使用。考虑到用户间的电量消耗会相互影响，我们给出多个用户相关的概率转移矩阵如下：

$$\begin{bmatrix} \pi^1(k+1) \\ \pi^2(k+1) \\ \vdots \\ \pi^q(k+1) \end{bmatrix} = \begin{bmatrix} u_{11} \cdot P^1_{k,k+1}(\lambda(k)) & u_{12}I & \cdots & u_{1q}I \\ u_{21}I & u_{22} \cdot P^2_{k,k+1}(\lambda(k)) & \cdots & u_{2q}I \\ \vdots & \vdots & \ddots & \vdots \\ u_{q1}I & u_{q2}I & \cdots & u_{qq} \cdot P^q_{k,k+1}(\lambda(k)) \end{bmatrix} \begin{bmatrix} \pi^1(k) \\ \pi^2(k) \\ \vdots \\ \pi^q(k) \end{bmatrix} \tag{7.7}$$

其中 $u_{ij} \in [0,\ 1]$ 表示用户 i 和 j 之间的耦合系数，依赖于历史数据可以以常数的形式将其确定下来，且满足：

$$\sum_{j=1}^{q} u_{ij} = 1,\ i = 1,\ 2,\ \cdots,\ q \tag{7.8}$$

公式（7.7）意味着每个用户的效用最大化不仅依赖于自身的用电策略也与其他用户的用电行为相关联。

第二类用电器 B_i 的期望用电总量 $\overline{x}^k_{B_i}$ 可由下述公式得到：

$$\overline{x}^k_{B_i} = E[x^k_{B_i}] = S^1_{B_i}\pi^1_{B_i}(k) + S^2_{B_i}\pi^2_{B_i}(k) + \cdots + S^N_{B_i}\pi^N_{B_i}(k) \tag{7.9}$$

总用电量的期望用电状态 $S^n_{B_i} \in S_{B_i}$，其中 $n = \left[\dfrac{\overline{x}^k_{B_i}}{d}\right] + 1$，且［·］是取整函数。

7.2.4 半弹性电器

第三类 C_i 是半弹性智能家电，如洗衣机、刷碗机等。它们的运行时间可以在给定的时间间隔内任意选择，但其消耗的总功率是固定的。这类用电器的运行主要取决于电器开启时间，此类用电器 C_i 的运行是连续的，不可以打断。这意味着一旦开启，需要完成工作任务才能关闭。也表明一旦工作未完成中途断电，则会造成很大的惩罚成本，典型的家用电器如电饭煲。嵌入智能电表中的能量控制单元能够在收到用户递交的用电申请后，在合适的时间开启此类用电设备或者推迟开启此类用电器。因此，半弹性设备 C_i 的运行可以由 ECS 智能控制。

假设用户 i 有 M_{C_i} 个第三类用电器 C_i，且每个用电器需要在预先给定的时段 $\mathrm{K}_{a_u^i} \in \mathrm{K}$ 内完成工作任务。每个 $a_u^i \in C_i$ 有多种运行模式，每种模式消耗的功率不同，由用户 i 决定选取哪种运行模式。例如，电饭煲有不同的工作模式，如煮饭、煲粥等。假设用电器 a_u^i 有 $D_{a_u^i}$ 种运行模式，且每种模式 $d_{a_u^i} \in \mathrm{D}_{a_u^i} = \{1, 2, \cdots, D_{a_u^i}\}$ 的功率为 $g_{a_u^i,d}$。

用户发出开启用电器 $a_u^i \in C_i$ 的请求是随机的。也就是说，每个时刻 $k \in \mathrm{K}_{a_u^i}$，用户 i 要求开启 C_i 类用电器 a_u^i 的概率为 $p_{a_u^i}(k) \in [0, 1]$。一旦用户要求运行设备，假定选择运行模式 $d_{a_u^i}$ 的概率为 $\gamma_{a_u^i,d}(k)$，且 $\sum_{d=1}^{D_{a_u^i}} \gamma_{a_u^i,d}(k) = 1$。这样可以得到用户在时刻 k 要求开启用电器 a_u^i 且以模式 $d_{a_u^i}$ 运行的概率为 $p_{a_u^i}(k) \cdot \gamma_{a_u^i,d}(k)$。

假定一个 C_i 类用电器选择运行模式 $d_{a_u^i}$ 连续地完成工作需要消耗的总电量为 $E'_{a_u^i,d}$，工作时段 $\mathrm{K}_{a_u^i,d} = \{\alpha_{a_u^i,d}, \alpha_{a_u^i,d}+1, \cdots, \beta_{a_u^i,d}\} \in \mathrm{K}_{a_u^i}$。对于每个第三类用电器 $a_u^i \in C_i$，每时刻的能量消耗可以表示为如下分段函数：

$$\bar{x}_{a_u^i,d}^{k} = \begin{cases} g_{a_u^i,d}, & \text{if } j \in \left\{1, 2, \cdots, \left[\dfrac{E'_{a_u^i,d}}{g_{a_u^i,d}}\right]\right\} \text{ and } k_j \in \mathrm{K}_{a_u^i,d}, \\ E'_{a_u^i,d} - g_{a_u^i,d} \times \left[\dfrac{E'_{a_u^i,d}}{g_{a_u^i,d}}\right], & \text{else if } \mathrm{j} = \left[\dfrac{E'_{a_u^i,d}}{g_{a_u^i,d}}\right] + 1 \text{ and } k_j \in \mathrm{K}_{a_u^i,d}, \\ 0, & \text{otherwise} \end{cases} \tag{7.10}$$

$$\sum_{k \in \mathrm{K}_{a_u^i,d}} \overline{x}^k_{a_u^i,d} = E'_{a_u^i,d} \tag{7.11}$$

假定与时刻相关的变量 $S_{a_u^i}(k) \in \{0, 1, \cdots, D_{a_u^i}\}$，$W_{a_u^i,d}(k) \in \left\{0, 1, \cdots, \left\{\left[\frac{E'_{a_u^i,d}}{g_{a_u^i,d}}\right]+1\right\}\right\}$和$V_{a_u^i,d}(k) \in \left\{0, 1, \cdots, (\beta_{a_u^i,d} - \alpha_{a_u^i,d}) - \left\{\left[\frac{E'_{a_u^i,d}}{g_{a_u^i,d}}\right]+1\right\}\right\}$分别表示用电器 a_u^i 在时刻 k 的运行模式，剩余运行时间和等待时间的集合。令 $w_{a_u^i,d} = \left\{\left[\frac{E'_{a_u^i}}{g_{a_u^i,d}}\right]+1\right\}$和 $v_{a_u^i,d} = (\beta_{a_u^i,d} - \alpha_{a_u^i,d}) - \left\{\left[\frac{E'_{a_u^i}}{g_{a_u^i,d}}\right]+1\right\}$分别表示最大工作时长和最大等待时间。进一步，我们引入控制变量 $z_{a_u^i}(k) \in \{0, 1\}$ 表示时刻 k 用电器是开启还是关闭的状态。

当设备处于闲置状态时，所有变量取值均为零，即（$S_{a_u^i}(k)$，$W_{a_u^i,d}(k)$，$V_{a_u^i,d}(k)$）=（0，0，0），相应地控制变量 $z_{a_u^i}(k)=0$。如果用户 i 要求设备 a_u^i 以模式 $d_{a_u^i}$ 开启，则有（$S_{a_u^i}(k+1)$，$W_{a_u^i,d}(k+1)$，$V_{a_u^i,d}(k+1)$）=（$d_{a_u^i}$，$w_{a_u^i,d}$，$v_{a_u^i,d}$）。ECS 系统根据控制变量 $z_{a_u^i}(k+1)=1$ 或者 $z_{a_u^i}(k+1)=0$ 的取值情况决定开启设备还是让设备处于候命状态。一旦控制器决定运行此设备，则 $z_{a_u^i}(k+1)=1$，则设备会持续运行 $w_{a_u^i,d}$个时段，即控制变量在设备运行时段内取值为 $z_{a_u^i}(k+1)=z_{a_u^i}(k+2)=\cdots=z_{a_u^i}(k+w_{a_u^i,d})=1$。在决定开启设备之后，设备选择运行模式 $d'_{a_u^i}$的概率为 $p_{a_u^i}(k+w_{a_u^i,d'}+1) \cdot \gamma_{a_u^i,d'}(k+w_{a_u^i,d'}+1)$，则处于状态（$d'_{a_u^i}$，$w_{a_u^i,d'}$，$v_{a_u^i,d'}$）；否则，以概率 $1-p_{a_u^i}(k+w_{a_u^i}(k)+1)$ 恢复到闲置状态（0，0，0）。

当控制变量 $z_{a_u^i}(k+1)=0$ 且处于状态（$d_{a_u^i}$，$w_{a_u^i,d}$，$v_{a_u^i,d}$）时，这意味着 ECS 选择延迟开启此智能家电。因此状态向量在下一时刻 $k+2$ 时变化为（$S_{a_u^i}(k+2)$，$W_{a_u^i,d}(k+2)$，$V_{a_u^i,d}(k+2)$）=（$d_{a_u^i}$，$w_{a_u^i,d}$，$v_{a_u^i,d}-1$）。继而，在第 $k+2$ 时刻，ECS 系统需要重新确定控制变量 $z_{a_u^i}(k+2)$ 的取值为 1 或是 0。这一判定过程会持续到 ECS 系统决定开启此设备，或者设备的最大等候时间已经达到。两种情况有一种成立，则设备的状态改变为（$d_{a_u^i}$，$w_{a_u^i,d}-1$，0），以一个智能家电具有两种运行模式为例，示例如图 7.1 所示。

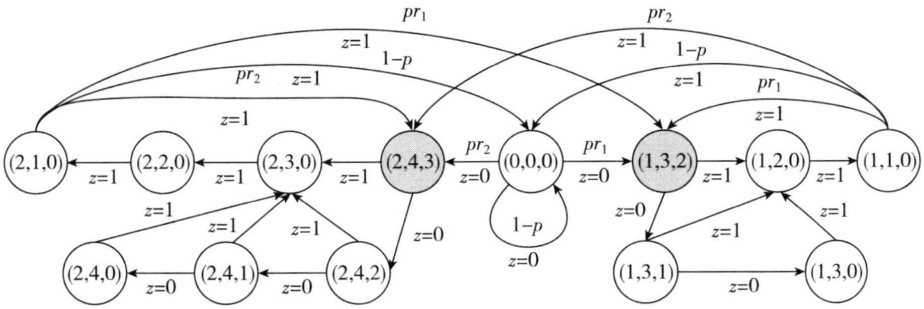

图 7.1　马尔可夫过程下具有两种运行模式的半弹性设备运行过程

如图 7.1 所示，假定此半弹性设备具有两种模式，即 $D_{a_u^i}=2$，给定每种模式下的运行时间 $w_{a_u^i,1}=3$，$w_{a_u^i,2}=4$，最长的等候时间 $v_{a_u^i,1}=2$，$v_{a_u^i,1}=3$，控制变量 $z_{a_u^i}(k)=z$，简化后的概率转移 $p_{a_u^i}(k)\cdot\gamma_{a_u^i,1}(k)=pr_1$，$p_{a_u^i}(k)\cdot\gamma_{a_u^i,2}(k)=pr_2$。

令 $X_{a_u^i}(k)=(S_{a_u^i}(k),W_{a_u^i,d}(k),V_{a_u^i,d}(k))$ 为状态向量，且 X_i 为包含所有状态向量 $X_{a_u^i}(k)$ 的集合。引入最优控制策略 $z^*_{a_u^i,k}(X_{a_u^i}(k))$，$k\in\mathrm{K}$，利用上面描述的马尔可夫过程建立用电器 $C_{a_u^i}$ 的用电量与状态向量之间的关联性，公式（7.10）可以被改写为如下形式：

$$x_{a_u^i}^k=\begin{cases}z^*_{a_u^i,k}(X_{a_u^i}(k))\cdot g_{a_u^i,d}, & \text{if } 0\leqslant W_{a_u^i,d}\leqslant\left[\dfrac{E'_{a_u^i}}{g_{a_u^i,d}}\right],\\ z^*_{a_u^i,k}(X_{a_u^i}(k))\cdot\left(E'_{a_u^i}-g_{a_u^i,d}\times\left[\dfrac{E'_{a_u^i}}{g_{a_u^i,d}}\right]\right), & \text{if}\left[\dfrac{E'_{a_u^i}}{g_{a_u^i,d}}\right]<W_{a_u^i,d}\leqslant w_{a_u^i,d},\\ 0, & \text{otherwise}\end{cases}\tag{7.12}$$

$$z^*_{a_u^i,k}(S_{a_u^i}(k),W_{a_u^i,d}(k),V_{a_u^i,d}(k))=1,\quad\forall\beta_{a_u^i,d}-w_{a_u^i,d}\leqslant k\leqslant\beta_{a_u^i,d}\tag{7.13}$$

约束（7.13）确保了被要求开启的电器被开启，若用电器在等候时间结束时 $k\geqslant\beta_{a_u^i,d}-w_{a_u^i,d}$ 仍处于候命状态。最优控制策略 $z^*_{a_u^i,k}(X_{a_u^i}(k))$ 是关于

$X_{a_u^i}$ (k) 的函数，对于所有的 $X_{a_u^i}$ (k) $\in \mathrm{X}_i$，$k \in \mathrm{K}$。一旦最优策略 $z^*_{a_u^i,k}$ $(X_{a_u^i}$ $(k))$ 确定下来，设备的实时运行状态 $X_{a_u^i}$ (k) 就可以确定下来，据此 ECS 可以实时的安排设备的运行情况。

下一时刻的状态向量 $X_{a_u^i}$ $(k+1)$ 密切依赖于前一时刻 $X_{a_u^i}$ (k)，可以表示如下：

$$X_{a_u^i}(k+1)=\begin{bmatrix} \mathrm{S}_{a_u^i}(X_{a_u^i}(k),\ \theta_{a_u^i}(k+1)) \\ \mathrm{W}_{a_u^i}(X_{a_u^i}(k),\ z_{a_u^i}(k),\ \theta_{a_u^i}(k+1)) \\ \mathrm{V}_{a_u^i}(X_{a_u^i}(k),\ z_{a_u^i}(k),\ \theta_{a_u^i}(k+1)) \end{bmatrix},\ k \in \mathrm{K} \tag{7.14}$$

其中 $\theta_{a_u^i}$ $(k+1)$ $\in$ $\{0,\ 1,\ \cdots,\ D_{a_u^i}\}$ 是一个随机变量，且 Prob $(\theta_{a_u^i}$ $(k+1)$ $=d_{a_u^i})$ $=p_{a_u^i}$ $(k+1)$ $\cdot\gamma_{a_u^i,d}$ $(k+1)$ 和 Prob $(\theta_{a_u^i}$ $(k+1)$ $=0)$ $=$ $1-p_{a_u^i}$ $(k+1)$。这体现了设备 a_u^i 在时刻 $k+1$ 被要求开启的概率。进一步，$\mathrm{S}_{a_u^i}$ $(\cdot)$，$\mathrm{W}_{a_u^i}$ $(\cdot)$ 和 $\mathrm{V}_{a_u^i}$ $(\cdot)$ 是概率转移函数给定如下：

$$\mathrm{S}_{a_u^i}(X_{a_u^i}(k),\ \theta_{a_u^i}(k+1))=\begin{cases} \theta_{a_u^i}(k+1), & \text{if } S_{a_u^i}(k)=0, \\ S_{a_u^i}(k), & \text{otherwise} \end{cases} \tag{7.15}$$

$$\mathrm{W}_{a_u^i}(X_{a_u^i}(k),\ z_{a_u^i}(k),\ \theta_{a_u^i}(k+1)) \\ =\begin{cases} W_{a_u^i,d}-1, & \text{if } S_{a_u^i}(k)=d_{a_u^i},\ 2 \leqslant W_{a_u^i,d} \leqslant w_{a_u^i,d},\ z_{a_u^i}(k)=1, \\ W_{a_u^i,d}, & \text{if } W_{a_u^i,d} \geqslant 1,\ z_{a_u^i}(k)=0, \\ w_{a_u^i,d}, & \text{if } 0 \leqslant W_{a_u^i,d} \leqslant 1 \text{ and } \theta_{a_u^i}(k+1)=d_{a_u^i}, \\ 0, & \text{if } 0 \leqslant W_{a_u^i,d} \leqslant 1 \text{ and } \theta_{a_u^i}(k+1)=0 \end{cases} \tag{7.16}$$

$$\mathrm{V}_{a_u^i}(X_{a_u^i}(k),\ z_{a_u^i}(k),\ \theta_{a_u^i}(k+1)) \\ =\begin{cases} V_{a_u^i,d}(k)-1, & \text{if } S_{a_u^i}(k)=d_{a_u^i},\ W_{a_u^i,d}(k)=w_{a_u^i,d},\ z_{a_u^i}(k)=0, \\ v_{a_u^i,d}(k), & \text{if } 0 \leqslant W_{a_u^i,d}(k) \leqslant 1,\ \theta_{a_u^i}(k+1)=d_{a_u^i}, \\ 0, & \text{if } S_{a_u^i}(k)=d_{a_u^i},\ 2 \leqslant W_{a_u^i,d}(k) \leqslant w_{a_u^i,d},\ z_{a_u^i}(k)=1, \\ & \text{or if } W_{a_u^i,d}(k)=1 \text{ and } \theta_{a_u^i}(k+1)=0 \end{cases} \tag{7.17}$$

7.2.5　时刻 k 消耗的总电量

将智能家电划分为三类并深入讨论后可知，实现电网的负载削峰填谷的关键是有效地安排弹性电器 B_i 和半弹性电器 C_i 的合理使用。对于智能用户 i 而言，在时刻 k 消耗的总电量 x_i^k 可以用三类用电器的用电总和体现，即：

$$x_i^k = E_{a_u^i} + \bar{x}_{B_i}^k + \sum_{a_u^i \in C_i} x_{a_u^i}^k \tag{7.18}$$

7.2.6　用户的效用函数

每个用户依赖于不同时刻的实时电价制订专属于自己的用电计划。引入微观经济学中的效用函数 U_i（x_i^k，ω_i^k）体现用户 i 在时刻 k 消耗 x_i^k 单位电量所获得的满意程度。引入弹性系数 $\omega_i^k>0$ 体现用户用电喜欢程度。ω_i^k 越大，用户用电弹性越大，本节采用被广泛认可的分段二次函数作为效用函数：

$$U_i(x_i^k,\ \omega_i^k) = \begin{cases} \omega_i^k x_i^k - \dfrac{\alpha_i}{2}(x_i^k)^2, & 0 \leqslant x_i^k \leqslant \dfrac{\omega_i^k}{\alpha_i}, \\ \dfrac{(\omega_i^k)^2}{2\alpha_i}, & x_i^k \geqslant \dfrac{\omega_i^k}{\alpha_i}, \end{cases} \tag{7.19}$$

其中 $\alpha_i>0$，$i=1$，2，…，q 是已知的参数。

7.2.7　供电商的成本函数

一般地，电力公司采用二次函数刻画生产成本，已被广泛认可的成本函数如下：

$$C_k(G_k) = a_k G_k^2 + b_k G_k + c_k \tag{7.20}$$

其中 $a_k>0$，且 b_k，$c_k \geqslant 0$ 是已知的常数。

7.3 多时刻社会福利最大化模型及算法

7.3.1 问题描述

以用户利益最大化、供电商成本最小化为目标，给出马尔可夫过程下多个时刻的社会福利最大化模型如下：

$$\textbf{P1}\quad \max E\Big(\sum_{k=t}^{K}\Big[\sum_{i=1}^{q}U_i(x_i^k,\omega_i^k)-C_k(G_k)\Big]\Big)$$

$$\text{s.t.}\ (7.2)-(7.9)\quad \forall k\in \mathrm{K},\ \forall a_u^i\in B_i \tag{7.21a}$$

$$(7.12)-(7.17)\quad \forall k\in \mathrm{K}_{a_u^i,d},\ \forall a_u^i\in C_i,\ d_{a_u^i}\in \mathrm{D}_{a_u^i} \tag{7.21b}$$

$$x_i^k=E_{a_u^i}+\overline{x}_{B_i}^k+\sum_{a_u^i\in C_i}x_{a_u^i}^k \tag{7.21c}$$

$$E\Big[\sum_{i=1}^{q}x_i^k\Big]\leqslant G_k,\forall k\in \mathrm{K} \tag{7.21d}$$

$$|G_{k+1}-G_k|\leqslant R_k \tag{7.21e}$$

此处，x_i^k 和 G_k 是全局变量，$\overline{x}_{B_i}^k$ 和 $x_{a_u^i}^k$，$\forall a_u^i\in C_i$ 是局部变量，$\overline{x}_{B_i}^k$ 依赖于电价 λ（k）和状态转移系数 $\overline{A}_{ef}^i$，且 $x_{a_u^i}^k$ 依赖于状态转移函数 S_i（·），W_i（·）和 Q_i（·）。所有的电量调度向量均满足约束条件（7.21a）至条件（7.21e）。实际运行过程中，约束条件（7.21d）确保了所有用户期望用电量不超过供电商的生产电量。也就是所有用户总用电量在一定范围内超过生产电量的概率不超过某个足够小的正数。这样，约束（7.21c）能够近似地替换为如下公式：

$$\Pr\Big[\sum_{i=1}^{q}x_i^k-G_k\geqslant\eta\Big]\leqslant\varepsilon \tag*{(7.21d)$'$}$$

这里的η是指定的阈值，为超过总和的功耗，ε是一个很小的正数，代表着断电的概率。假设$\sum_{i=1}^{q} x_i^k \sim N(\mu, \sigma^2)$服从正态分布，期望$\mu$，方差$\sigma^2$可以从历史数据中得到[154]。

由定义可知，当$k \in K$，$i \in I$时，效用函数（7.19）是严格凹的，成本函数（7.20）是严格凸的，由凸函数的运算性质可知，和函数$\sum_{k=t}^{K}\left[\sum_{i=1}^{q} U_i(x_i^k, \omega_i^k) - C_k(G_k)\right]$是严格凹的，问题P1的目标函数寻求严格凹的和函数的期望最大值，这也是保凸运算[155]，确保了目标函数是求解严格凹函数的最大值问题。进一步，约束条件是仿射的，约束集合是非空闭凸集，这样问题P1是严格凸规划问题。显然可行域具有内点，也就是说，满足Slater条件的可行解是存在的，这样，问题P1具有唯一全局最优解。

7.3.2　集中式SA－RTP算法

一般地，供电侧收集所有的参数信息，则优化问题P1可以由集中式算法求得唯一的全局最优解。集中式SA－RTP算法具体的步骤如表7.1所示。

表7.1　集中式SA－RTP算法

Step 0	初始化：供电商设定初始温度T_0，终止温度T，每个温度下的迭代次数t_0，冷却率q，设定初始电价和生产电量λ^{τ}，G^{τ}，给定成本函数中的参数a_k，b_k和c_k
Step 1	从用户侧接收概率转移矩阵的系数，耦合系数u_{ij}，设备$a_u^i \in C_i$的运行概率$p_{a_u^i}^{\tau}$，$\gamma_{a_u^i,d}^{\tau}$服从均匀分布，获得效用函数中的参数α_i，w_i^k，$i \in I$，$k \in K$以及智能家电的基本用电信息

续表

Step 2	重复：a）计算 $W_{\tau}=E\left(\sum_{k=t}^{K}\left[\sum_{i=1}^{q}U_i(x_i^k,\omega_i^k)-C_k(G_k)\right]\right)$； b）在初始解的邻域内，生成新解 $\lambda^{\tau+1}$，$G^{\tau+1}$，$\overline{A}_{ef}^{i,\tau+1}$，$p_{a_u^i}^{\tau+1}$ 和 $\gamma_{a_u^i,d}^{\tau+1}$，$i\in I$，计算 $W_{\tau+1}$； c）利用 Metropolis 准则判断是否接受新解：如果 $\triangle W=W_{\tau+1}-W_{\tau}>0$，运行 Step 3；此外，若 $\exp(-\triangle W/T_0)\geq \text{rand}$，运行 Step 3，其余情况重复运行 Step 2
Step 3	令 $\lambda^{\tau}=\lambda^{\tau+1}$，$G^{\tau}=G^{\tau+1}$，$\overline{A}_{ef}^{i,\tau}=\overline{A}_{ef}^{i,\tau+1}$，$p_{a_u^i}^{\tau}=p_{a_u^i}^{\tau+1}$，$\gamma_{a_u^i,d}^{\tau}=\gamma_{a_u^i,d}^{\tau+1}$；重复 Step 2 直到完成迭代次数，降温： $T_0=q\times T_0$
Step 4	直到：到达终止温度 $T_0=T$，迭代停止。令 $\lambda^*=\lambda^{\tau}$，$G^*=G^{\tau}$，$\overline{A}_{ef}^{i,*}=\overline{A}_{ef}^{i,\tau}$，$p_{a_u^i}^*=p_{a_u^i}^{\tau}$，$\gamma_{a_u^i,d}^*=\gamma_{a_u^i,d}^{\tau}$，$i\in$ I，进而，计算出 $\vec{x}_{a_u^i}^{\,*}=(x_{a_u^i}^{t,*},x_{a_u^i}^{t+1,*},\cdots,x_{a_u^i}^{K,*})$，$i\in$ I

集中式 SA－RTP 算法收敛到 P1 的唯一全局最优解[142]，当控制温度参数 T_0 趋近于零时，即 $T_0=q^{\tau}\times T_0\rightarrow 0$。然而，集中式算法在实际应用中并不可行。一方面出于隐私考虑，用户不愿意分享自己所有的参数给供电商；另一方面，当用户数量巨大时，用户和供电商需要交换的信息也呈指数增长。

7.3.3 分布式最优化模型

为了克服集中式算法的不足，提高信息交换的速度，本节将最优化问题 P1 等价拆分为用户侧和供电侧两类子问题。进而，设计两种算法分别求解每类问题。

将问题 P1 改写为如下形式：

$$
\begin{aligned}
F &= \max E\left(\sum_{k=t}^{K}\sum_{i=1}^{q}U_i(x_i^k,\omega_i^k) - C_k(G_k)\right) \\
&= \max\sum_{k=t}^{K}\left[\sum_{i=1}^{q}E(U_i(x_i^k,\omega_i^k) - E[C_k(G_k)]\right] \\
&= \max\sum_{k=t}^{K}\left[\sum_{i=1}^{q}E(U_i(x_i^k,\omega_i^k) - E(\sum_{i=1}^{q}\lambda(k)x_i^k) + E(\sum_{i=1}^{q}\lambda(k)x_i^k) - E[C_k(G_k)]\right] \\
&= \max\sum_{i=1}^{q}R_i(x_i) + T(\lambda,\ G)
\end{aligned}
$$

其中 $x_i = [x_i^t,\ x_i^{t+1},\ \cdots,\ x_i^K]^T$，$\lambda = [\lambda(t),\ \lambda(t+1),\ \cdots,\ \lambda(K)]^T$ 和 $G = [G_t,\ G_{t+1},\ \cdots,\ G_K]^T$，且有：

$$
R_i(x_i) = \sum_{k=t}^{K}E[(U_i(x_i^k,\omega_i^k)) - \lambda(k)x_i^k] \tag{7.22}
$$

$$
\begin{aligned}
T(\lambda,G) &= \sum_{k=t}^{K}E[(\sum_{i=1}^{q}\lambda(k)x_i^k) - E[C_k(G_k)]] \\
&= \sum_{k=t}^{K}[(\sum_{i=1}^{q}\lambda(k)x_i^k) - C_k(G_k)]
\end{aligned} \tag{7.23}
$$

公式（7.22）和公式（7.23）分别表示用户 $i \in \mathrm{I}$ 和供电商从时刻 t 到 K 的全部利益。用户侧可以拆分为每个用户单独求利益最大化，供电侧利益最大化 $T(\lambda,\ G)$ 描述为公式（7.23）。这样寻求全局问题 F 的最优解可以转换为求解两类子问题的最优解：

$$
F = F_1 + F_2 \tag{7.24}
$$

$$
F_1 = \max\sum_{i=1}^{q}R_i(x_i) \tag{7.25}
$$

$$
F_2 = \max T(\lambda,\ G) \tag{7.26}
$$

这里，F_1 为用户利益最大化，F_2 为供电商利益最大化。接下来会讨论如何设计算法分布求解，系统中用户和供电商的信息交互过程如图 7.2 所示。

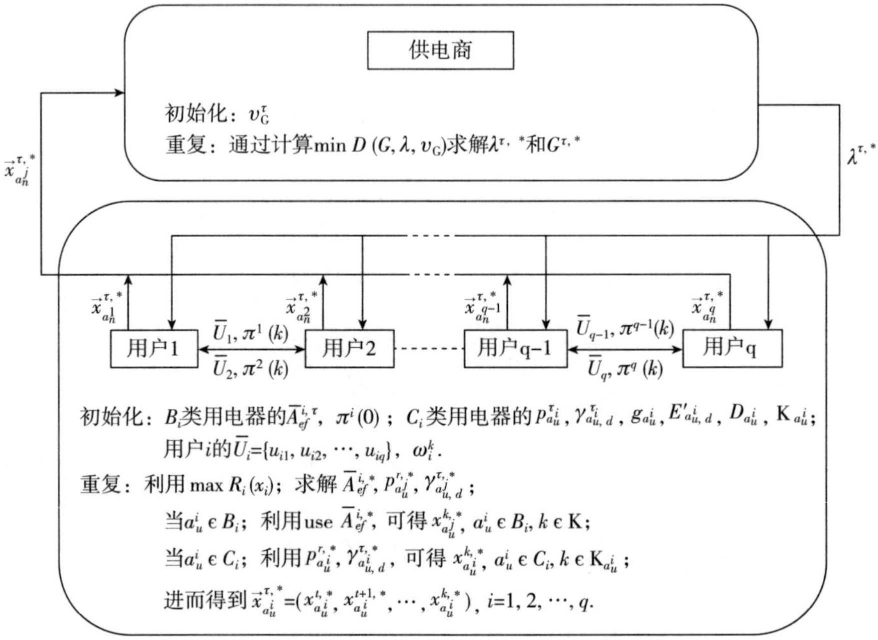

图 7.2　算法过程以及系统中 ES 和用户之间的信息交互

7.3.4　用户侧的改进 SA－RTP 算法

从双方信息交互的过程可知，当用户侧接收到供电商所提供的初始价格后，每个用户 $i\in I=\{1,2,\cdots,q\}$ 能够独立地确定自身的用电策略。将所有单个用户的耗电量求和将是整个系统的总耗电量。因此，简化问题，完善问题 F_1 得到优化问题 P2，也就是单个用户的最优问题。显然，这个转化过程不会影响与所有用户相关的全局最优解。

$$\textbf{P2}\quad \max R_i(x_i)=\max\sum_{k=t}^{K}E[(U_i(x_i^k,\omega_i^k))-\lambda(k)x_i^k]$$

$$\text{s.t. }(7.2)-(7.9)\ \forall k\in K,\ \forall a_u^i\in B_i, \tag{7.27a}$$

$$(7.12)-(7.17)\quad \forall k\in K_{a_u^i},\ \forall a_u^i\in C_i, \tag{7.27b}$$

$$x_i^k=E_{a_u^i}+x_{B_i}^k+\sum_{a_u^i\in C_i}x_{a_u^i}^k, \tag{7.27c}$$

$$\Pr[\sum_{i=1}^{q} x_i^k - G_k \geqslant \eta] \leqslant \varepsilon \tag{7.27d}$$

针对用户侧的优化问题 P2 设一种改进的 SA - RTP 算法。模拟退化算法是一种具有简单性、普遍性、并行性和广泛应用性的全局最优搜索方法。但是，SA 算法存在收敛速度慢、执行时间长等缺点。为了克服这一缺点，我们在生成新解的过程中引入了与温度有关的柯西扰动，对 SA 算法进行了改进。

表 7.2 列出了为用户 i 所设计的求解智能家电优化调度的 SA - RTP 算法。

表 7.2　算法 1：改进 RTP - SA 算法（用户侧）

Step 0	初始化：设定初始温度 T_0，终止温度 T，每个温度下的迭代次数 t_0，冷却速率 q，概率转移矩阵中的参数向量 $\overline{A}_{ef}^{i,\tau}$，并令 $p^{\tau}_{a^i_u}$ 和 $\gamma^{\tau}_{a^i_u,d}$，$a_u^i \in C_i$ 服从均匀分布，用户间分享耦合系数 u_{ij}
Step 1	接收供电商提供的电价 $\lambda^{\tau,*}$ 和生产电量 $G^{\tau,*}$
Step 2	重复：a）计算 $W_{\tau} = R_i^{\tau}(x_i)$； b）在初始解的邻域内，利用 Cauchy 扰动[1] 生成新解 $\overline{A}_{ef}^{i,\tau+1}$，$p^{\tau+1}_{a^i_u}$ 和 $\gamma^{\tau+1}_{a^i_u,d}$，计算 $W_{\tau+1}$； c）利用 Metropolis 准则判定是否接受新解：若 $\triangle W = W_{\tau+1} - W_{\tau} > 0$，运行 Step3；其他情况，若 $\exp(-\triangle W/T_0) \geqslant \text{rand}$，运行 Step 3，否则，重复 Step 2
Step 3	令 $\overline{A}_{ef}^{i,\tau} = \overline{A}_{ef}^{i,\tau+1}$，$p^{\tau}_{a^i_u} = p^{\tau+1}_{a^i_u}$，$\gamma^{\tau}_{a^i_u,d} = \gamma^{\tau+1}_{a^i_u,d}$；重复 Step 2 直到达到所设定的迭代次数，冷却：$T_0 = q \times T_0$
Step 4	直到：到达种终止温度 $T_0 = T$，迭代停止，设置 $\overline{A}_{ef}^{i,*} = \overline{A}_{ef}^{i,\tau}$，$p^{*}_{a^i_u} = p^{\tau}_{a^i_u}$，$\gamma^{*}_{a^i_u,d} = \gamma^{\tau}_{a^i_u,d}$，进一步，计算 $\vec{x}^{*}_{a^i_u} = (x^{t,*}_{a^i_u,}, x^{t+1,*}_{a^i_u,}, \cdots, x^{K,*}_{a^i_u,})$

算法 1 收敛到问题 P2 的全局最优解，当温度控制参数 T_0 趋于零时[142]，即 $T_0=q^{\tau}\times T_0\to 0$。柯西分布具有平坦的拖尾，这使解可以快速跳出局部最优解，保证了算法在低温下只搜索当前解的邻域，而在高温下则广泛搜索解的空间。改进的 SA－RTP 算法在加入柯西分布后，收敛速度更快。

7.3.5　供电侧的对偶次梯度 RTP 算法

在供电侧接收到每个用户的最优调度策略之后，以最大限度地提高利润和降低生产成本，寻求一种最优策略。供电侧的优化问题可以直接归结为最大化问题 F2。通过求解下面描述的优化问题 P3，可以得到供电商的最优生产能力和电价：

$$\textbf{P3}\quad \max T(\lambda,G)=\max\sum_{k=t}^{K}\left[\left(\sum_{i=1}^{q}\lambda(k)x_i^k\right)-C(G_k)\right]$$

$$\text{s.t.}\ |G_{k+1}-G_k|\leqslant R_k \tag{7.28}$$

不等式约束（7.28）代表供电商生产电量的波动限制，体现了多个时刻间生产电量的关联性。用电量 x_i^k 已知，$\lambda(k)x_i^k$ 是电价 $\lambda(k)$ 的线性函数，且成本函数 $C(G_k)$ 是严格凸的，则优化问题 P3 是严格的凸优化问题。问题 P3 的最优解可以由对偶次梯度 RTP 算法求得[84]。强对偶性确保了原问题与对偶问题的对偶间隙为零。这样，我们可以通过求解问题问题 P3 得对偶问题得到其最优解。

问题 P3 的 Lagrange 函数为：

$$L(G,\lambda,v)=\sum_{k=t}^{K}\left[\left(\sum_{i=1}^{q}\lambda(k)x_i^k\right)-C(G_k)\right]+v_G\begin{bmatrix}I_bG-R\\-I_bG-R\end{bmatrix} \tag{7.29}$$

这里 $G=[G_t,\ G_{t+1},\ \cdots,\ G_K]^T$ 是长度为（$K-t+1$）的列向量，$R=[R_t,\ R_{t+1},\ \cdots,\ R_{K-1}]^T$ 是长度为（$K-t$）的列向量。函数中最后一项是体现不等式约束的罚函数，且 I_b 为（$K-t$）行（$K-t+1$）列的双对角矩阵，对角元素分别为 1 和 -1，v_G 是长度为 2（$K-t$）的行向量。

对偶函数如下：

$$D(G,\lambda,\upsilon_G)=\max L(G,\lambda,\upsilon_G) \tag{7.30}$$

对偶问题为 $\min D(G,\lambda,\upsilon_G)$。利用对偶次梯度算法进行（$\tau+1$）次迭代后的对偶变量 $\upsilon_G^{\tau+1}$ 可表示为：

$$\upsilon_G^{\tau+1}=\upsilon_G^{\tau}+\sigma\begin{bmatrix} I_b G^{\tau,*}-R \\ -I_b G^{\tau,*}-R \end{bmatrix}^T \tag{7.31}$$

表 7.3 列出了供电侧的对偶次梯度 RTP 算法。

表 7.3　算法 2：对偶次梯度 RTP 算法（供电侧）

Step 1	初始化：υ_G^{τ}
Step 2	接收每个用户在给定电价下的最佳用电量 $\vec{x}_{a_u^i}^{\,*}$，$i\in I$
Step 3	利用公式（7.30）求解 $\lambda^{\tau,*}$ 和 $G^{\tau,*}$，并将 $\lambda^{\tau,*}$ 告知每个用户
Step 4	利用公式（7.31）更新 $\upsilon_G^{\tau+1}$
Step 5	如果 $\|\upsilon_G^{\tau+1}-\upsilon_G^{\tau}\|<\varepsilon$（$\varepsilon>0$），运行 Step 6；否则令 $\upsilon_G^{\tau}=\upsilon_G^{\tau+1}$，重复 Step 2 至 Step 4
Step 6	设置 $\lambda^*=\lambda^{\tau,*}$，$G^*=G^{\tau,*}$

综上所述，问题 P1 能够被等价分解为子问题 P2 和 P3，设计分布式算法 1 和算法 2 分别进行求解。由于子问题 P3 满足强对偶性[155]，借助于算法 2，供电商可以得到唯一的最优解（λ^*，G^*）。此最优解确定了最优电价，在 λ^* 确定之后，用户 i 可以利用算法 1 得到子问题 P2 的唯一最优解（$\overline{A}_{ef}^{i,*}$，$p_{a_u^i}^*$，$r_{a_u^i}^*$）[95,142]。注意到 P1 等价分解为问题 P2 和问题 P3，因此，原问题 P1 的解等于 P2 和 P3 两个子问题解的综合。这意味着（λ^*，G^*，$\overline{A}_{ef}^{i,*}$，$p_{a_u^i}^*$，$r_{a_u^i}^*$），$i\in$ I 是原问题 P1 的最优解。此外，问题 P1 具有唯一全局最优解，借助于集中式 SA－RTP 算法可以求得。这表明分布式算法 1 和算法 2 收敛于集中式 SA－RTP 算法的最优解。

7.4 数值仿真

本节给出了大量的仿真结果，检验算法 1 和算法 2 的性能。将算法反复运行多次，最后给出平均值。在使用其平均结果之前，模拟将运行多次。模拟仿真中的微电网系统包含一个供电商和 50 个居民用户，每个用户具备若干个必须运行的设备、4 个弹性设备和 3 个半弹性设备。其中 3 个半弹性设备均假设具有两种运行模式以及两种模式下的不同功率。将运行时间周期划分为 96（$t=1$，$K=96$）个时刻，相当于一天 24 小时，每小时按照时刻划分为四等份。用电量范围选取区间 [9，15]，并将此连续区间等间隔划分为 24 个状态。必须运行用电器包括：照明（$E_a=3$kWh，$g_a=0.5$kW），电视机（$E_a=1$kWh，$g_a=0.25$kW），电脑（$E_a=1.5$kWh，$g_a=0.25$kW），熨烫用具（$E_a=2$kWh，$g_a=1$kW），吹风机（$E_a=1$kWh，$g_a=1$kW），其他（$E_a=6$kWh，$g_a=1.5$kW）。弹性设备包括：空调（$E_a=6$kWh，$g_a=1.5$kW），洗碗机（$E_a=2$kWh，$g_a=1$kW），热水器（$E_a=4$kWh，$g_a=1$kW），水池泵（$E_a=4$kWh，$g_a=2$kW）。半弹性设备包括：电炉（$E_a=4.5$kWh，$g_a=1.5$kW or $E_a=4$kWh，$g_a=1$kW），洗衣机（$E_a=2.5$kWh，$g_a=1.5$kW or $E_a=2$kWh，$g_a=1$kW），电饭煲（$E_a=3$kWh，$g_a=1.5$kW or $E_a=2.5$kWh，$g_a=1$kW）。半弹性器具的工作应在以下时段进行：电炉 [10－28]，洗衣机 [20－60]，电饭煲 [40－50]。由上述设定可以很容易得到半弹性用电器马尔可夫过程下运行的状态向量，电炉 $(d_{a_u^i}, w_{a_u^i,d}, v_{a_u^i,d})=(1, 3, 15)$ 和 $(d_{a_u^i}, w_{a_u^i,d}, v_{a_u^i,d})=(2, 4, 14)$，洗衣机 $(d_{a_u^i}, w_{a_u^i,d}, v_{a_u^i,d})=(1, 2, 38)$ 和 $(d_{a_u^i}, w_{a_u^i,d}, v_{a_u^i,d})=(2, 2, 37)$，电饭煲 $(d_{a_u^i}, w_{a_u^i,d}, v_{a_u^i,d})=(1, 2, 18)$ 和 $(d_{a_u^i}, w_{a_u^i,d}, v_{a_u^i,d})=(2, 3, 17)$。美国各家电年平均用电量和居民月平均用电量详情参见 Kelso（2011）。

用户之间的功耗变化会影响状态转移概率，公式（7.7）中的耦合系数如下：$u_{ii}=0.8$，$\forall i\in\{2,3,\cdots,49\}$，$u_{11}=0.9$，$u_{50,50}=0.9$，$u_{i,i+1}=0.1$，$\forall i\in\{1,2,\cdots,49\}$，$u_{i-1,i}=0.1$，$\forall i\in\{2,3,\cdots,50\}$，即：

$$\begin{bmatrix} u_{1,1} & u_{1,2} & u_{1,3} & \cdots & u_{1,50} \\ u_{2,1} & u_{2,2} & u_{2,3} & \cdots & u_{2,50} \\ u_{3,1} & u_{3,2} & u_{2,2} & \cdots & u_{3,50} \\ \vdots & \vdots & \vdots & \ddots & \vdots \\ u_{50,1} & u_{50,2} & u_{50,3} & \cdots & u_{50,50} \end{bmatrix} = \begin{bmatrix} 0.9 & 0.1 & 0 & \cdots & 0 \\ 0.1 & 0.8 & 0.1 & \cdots & 0 \\ 0 & 0.1 & 0.8 & \cdots & 0 \\ \vdots & \vdots & \vdots & \ddots & \vdots \\ 0 & 0 & 0 & \cdots & 0.9 \end{bmatrix} \tag{7.32}$$

用户 i 的效用函数如下，其中弹性系数取值为 $\omega_i(k)\in[1,3.5]$：

$$U_i(x_i^k,\ \omega_i^k)=\begin{cases}\omega_i^k x_i^k-\dfrac{1}{8}(x_i^k)^2, & 0\leqslant x_i^k\leqslant 4\omega_i^k,\\ 2(\omega_i^k)^2, & x_i^k\geqslant 4\omega_i^k\end{cases} \tag{7.33}$$

根据供电商提供的电价，用户可以利用算法1计算时段 k 内的耗电量。每个用户分享已知电价下获得的最佳用电量信息 x_i^k（λ_k^τ，G_k^τ）给供电商。供电商收集所有用户提供的最佳用电量，利用算法2求出最佳生产电量，并更新电价 $\lambda_k^{\tau+1}$。当信息交换达到平衡状态时，即算法满足终止条件，$|v_G^{\tau+1}-v_G^\tau|<\varepsilon$，求得问题的最优解。

弹性电器 B_i 的总耗电量依赖于状态概率分布 $\pi^i(k)$，且其满足 $\sum_{n=1}^{N}\pi_{B_i}^n(k)=1$。正如图7.3所示，随机选取4个用户，给出某一时刻（此处为56th）的状态概率分布 $\pi^i(k)$。利用公式（7.9），期望用电量 $\bar{x}_{B_i}^{56}=E[x_{B_i}^{56}]$ 很容易求得。进而，期望用电状态 $S_{B_i}^n(56)$ 可由公式求得 $n=\left[\dfrac{\bar{x}_{B_i}^k}{d}\right]+1=\left[\dfrac{\bar{x}_{B_i}^{56}}{0.25}\right]+1$。

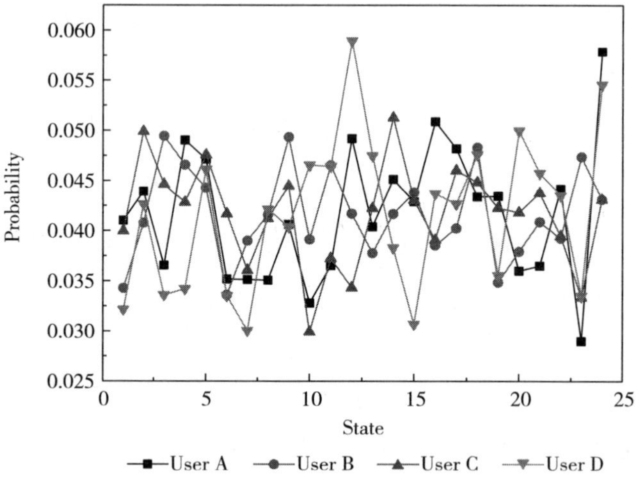

图 7.3　状态概率分布

图 7.4 给出了半弹性电器依赖于实时定价的具体用电情况。如电炉，在所设定的时间周期［10，28］内完成了工作任务。这里 $p_{a_u^i}(k)$ 和 $\gamma_{a_u^i,d}(k)$ 服从均匀分布，从图 7.4 中可知电炉以模式 1 运行且在第 15 个时刻开启，在第 18 个时刻关闭完成工作任务关闭。在所设定的时段内完成了既定任务。

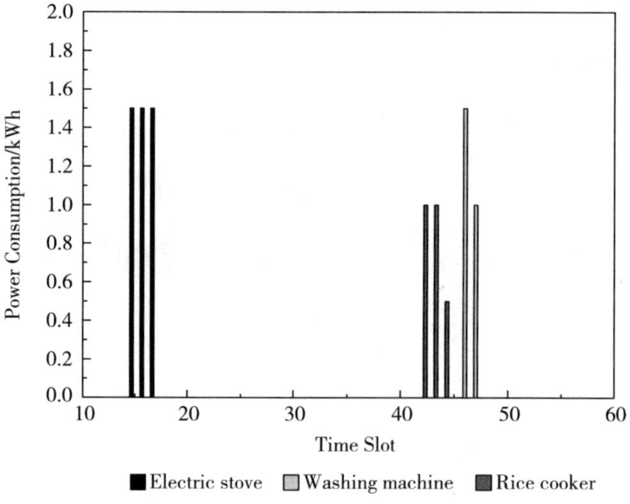

图 7.4　半弹性电器 C_i 的用电情况

假设每时刻随机选取三个必须运行的家用电器，运用算法1三类智能家电每时刻的电量消耗可以明确给出。借助于智能电表中的ECS，用户 i 能够合理安排家用电器的运行，具体用电消耗如图7.5所示。当弹性电器 B_i 的用电总和确定下来，用户的用电模式并不是唯一的，这样体现了弹性电器的灵活性。有效地安排弹性电器 B_i 和半弹性电器 C_i 的使用能够较好地实现削峰填谷。

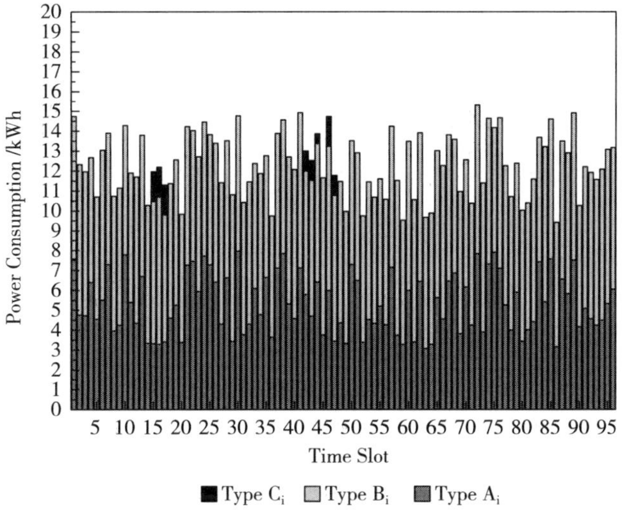

图7.5 每时刻智能家电的电量消耗

图7.6给出了每时刻供电商的最佳生产电量。生产电量的波动范围为[560，620]，从此范围可以看出生产电量较稳定，所考虑的周期内波动不大。也表明模型中对生产电量波动的限制能够很好地起到稳定生产电量的作用。这种实时定价策略能够很好地实现用电尖峰转移。

每时刻的实时电价如图7.7所示。为了验证算法的收敛性，我们给出了社会福利在某一时段的迭代过程。图7.8表明，本章所设计的算法可以在第64次收敛。

如前所述，最终价格应在每个时段开始时公布。上述仿真结果表明，该算法不仅为收敛速度较快的情况下获得最优实时价格提供了一种更有效的方法，而且具有一定的实用价值。

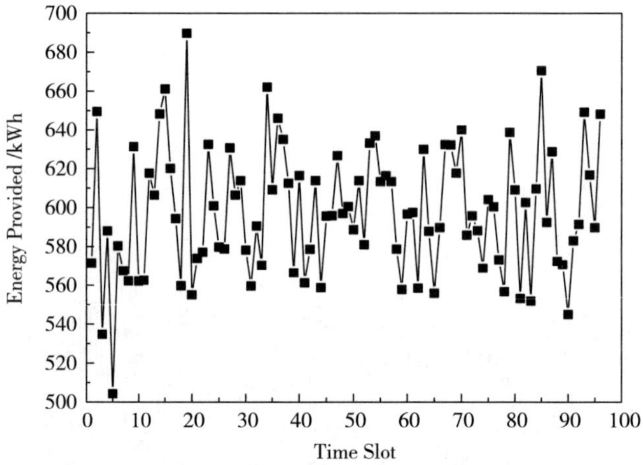

图 7.6　每时刻的最佳生产电量

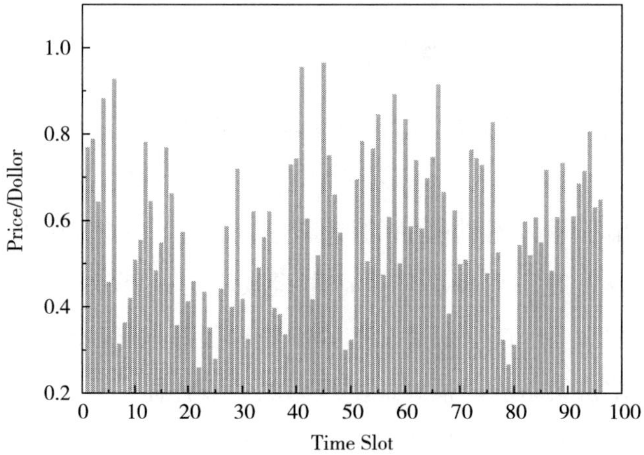

图 7.7　每时刻的实时电价

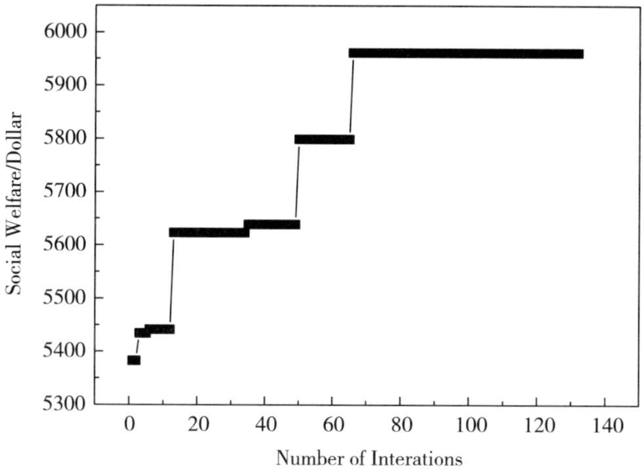

图 7.8　某个时刻的社会福利最大值

7.5　本章小结

从总体上考虑，本章提出了一个预期的社会福利最大化模型，以确保供给和需求的利益，从而在企业和用户之间产生双向影响。为了详细考虑每个用户，将智能家电划分为三种类型：必须运行的、弹性的和半弹性的设备。为了充分体现家用电器的特点，本章引入马尔可夫决策过程来表征家用电器的运行过程。此外，为了避免反弹效应现象，模型中还采用了用户之间的耦合系数。为了提高计算效率，同时保护用户隐私，将效用最大化问题分为两个子问题：用户问题和 ES 问题。在用户端，提出了一种改进的 SA－RTP 算法来解决优化问题。在 ES 方面，采用对偶次梯度法求解凸优化问题。在实际应用中，用户和企业之间可以进行交互，从而达到一种既能兼顾双方利益又能最大限度地惠及整个系统的最优 RTP 策略。这样不仅保证了用户与 ES 之间的交互过程，而且在不牺牲用户信息隐私的前提下提高了信息交换的速度。仿真结果表明，该算法具有较快的收敛速度，证明了该算法是一种很有实用前景的调度智能家电的方案。

第8章　结论与展望

8.1　全书概述

合理的定价机制是电力市场最重要的规则，随着智能电网系统的不断发展以及需求侧管理和需求响应机制的提出，传统电力市场的定价形式已经向考虑用户特征和不同需求的定价方式过渡。实时电价正是在电力市场条件下，着眼于电力的瞬时供需平衡和系统的安全运行，将电力的长期边际成本与短期边际成本结合作为定价依据的一种定价方法。由用户自行决定自己的用电时间，从而反映各时刻供应与需求的变化关系，并自动反馈调节用户负荷，根据系统的总需求决定实时电价的高低，于是电价可作为一个强有力的信号以调节和优化电力系统运行的可靠性和经济性。

本书着重于运用优化理论方法研究了基于需求侧管理和需求响应的社会福利最大化模型下实时电价定价问题。不考虑前后关联性，将模型离散为单个时刻进行研究，深入讨论变量间的相互依赖关系，利用实时电价机制达到短期的供需平衡，考虑时刻间的前后关联性，建立多个时刻的社会福利最大化模型，可以更好地体现电力运行的连续性，依赖于实时定价策略可以达到长期的削峰填谷。综观全文，取得的成果包括以下几个方面：

（1）首先讨论单个时刻社会福利最大化模型，依赖于实际情况，简化模型中的约束条件，充分利用模型中用户之间并无关联的特性，引入增广 Lagrange 函数，基于高斯回代的交替方向乘子法，设计分布式实时定价算法求解社会福利最大化模型，并证明了所设计算法的收敛性，同时给出了 Lagrange 乘子存在性与唯一性的理论证明。

（2）接着考虑到智能电网下电力供应商发电量保持相对平稳时，用户用电量的波动则成为影响电力运行以及实时电价的主要因素。在基本的社会福利最大化模型中加入波动风险项，并分析模型的基本性质，讨论波动风险项收敛情况，设计适合模型的算法对其求解。

（3）随后研究多个时刻间具有关联性的社会福利最大化模型。利用马尔可夫过程中的状态转移概率来描述前后两阶段的关联性，有效地描述多阶段用户用电状态过程。并考虑了用户间的相互关联性，相同类型用户设置相同电价，用电量之间有相互关联；不同类型用户设置不同电价，用电量之间无关联。设计集中式和分布式两种改进模拟退火算法，进行对比分析。

（4）然后在考虑多个阶段的视角下，针对居民用户，将其具体的家用电器分类，将居民用电量细化为每个用电器的用电量之和，考虑用电器的连续运行所带来的前后两个时刻的不确定性，以及供电商供电的前后关联，建立模型。并引入概率约束，将不确定问题转化为确定的凸优化问题。将用 Armijo 线搜索替换对偶次梯度算法中的固定步长，设计分布式在线实时电价算法求解模型，并将模型与基本的单个时刻的社会福利最大化模型作对比分析。

（5）最后在将用户智能家电进行分类的基础上，考虑用户之间用电的关联性，基于马尔可夫决策过程构建社会福利最大化模型。利用概率转移矩阵刻画智能家居中的弹性用电器前后时刻间的用电关联性。这一过程确保了智能家电的运行特性被充分的展现出来。在用户侧，设计改进的模拟退火算法求解最优化问题；在供电侧，借助于对偶次梯度算法求解凸优化问题。结果表明，智能电网环境下实时电价定价策略可以更好地调动用户参与用电管理的积极性，实现需求侧管理中供需平衡以及削峰填谷的目标。

8.2　展望

智能电网下的实时电价定价策略研究近年来是智能电网研究领域的一个热点与难点。尽管已经取得了不少成果，但是由于智能电网还处于建设发展之中，中间不停地会出现新的问题，因此需要且值得研究，在此列出以下几个主要研究方向：

（1）电力不同来源、不同类型用户以及不同类别的电器设备所拥有的不同的消费模式和需要细化得并不细致，对整个电力供应链中的各个环节的不同主体对实时电价的整体影响也未进行研究。因此，将上述情形加入所建立的社会福利最大化模型中并结合其他相关理论进行实时定价研究有待于进一步进行。

（2）电动汽车具有存储功能，这是其区别于一般家用电器的特点。如何充分利用电动汽车的存储功能，在尖峰时刻放电，在低谷时刻存储，与实时电价定价策略结合起来，值得进一步研究。

（3）考虑引入更一般的甚至是非凹的效用函数进行基于用户满意度的刻画。在具体应用时要经过真实测量、估算来确定，并非事先给定，现有的效用函数并不能包括所有类型用户的效用，并且针对非凹的效用函数研究很少，因此可以引入既简便又具有一般性的效用函数。

（4）针对居民用户，现有研究成果已经将智能家电进行分类，但是要运用到实际生活中，还需要将智能家电用电情况与新能源结合起来，并细致考虑不同家电的用电属性，并用同样方式分析工业用户，以及商业用户中用电设备的特性。若用户都集中在低谷时段用电，则会造成新的用电高峰，这需要给出具体的准确的同类用户以及不同类之间的用电关联性，需要依赖实际数据分析，有待进一步研究。

（5）在智能电网动态定价过程中如何体现出电力负荷真实数据的准确性，必须考虑到不确定性以及历史数据预测中的一些错误，因此要想准确进行实时定价这一面向用户需求的最优实时变化需求，建立不同的模型自然增加了最优化分析实时电价定价机制的复杂程度，进而对于解的存在性问题和求解算法的设计都带来不同深度的影响，这时需要更快捷的在线实时算法进行计算。

（6）由于智能电网还没有大规模普及，无法进行实证分析，现有的研究工作在仿真（数值）试验中只是对算法的计算效果进行检验，从经济学意义下验证模型的合理性缺少必要的分析。如何在这方面进行更好的验证需要进行大量的数据实证分析。

参考文献

［1］郭雷．系统学是什么［J］．系统科学与数学，2016，36（3）：291－301.

［2］钱学森，许国志，王寿云．组织管理的技术——系统工程［J］．上海理工大学学报，2011，33（6）：520－525.

［3］于景元．一代宗师百年难遇——钱学森系统科学思想和系统科学成就［J］．系统工程理论与实践，2011，31（S1）：1－7.

［4］钱学森．一个科学新领域——开放的复杂巨系统及其方法论［J］．自然杂志，1990，12（1）：526－532.

［5］许晓鸣，高岩，车宏安．钱学森系统科学思想的形成和发展［J］．上海理工大学学报，2011，33（6）：569－593.

［6］气候组织．智能电网在中国发展的现状与展望［R］．政策简报，2011.

［7］Fang X.，Misra S.，Xue G.，et al.．Smart Grid—The New and Improved Power Grid：A Survey［J］．IEEE Communications Surveys & Tutorials，2012，14（4）：944－980.

［8］Amin S. M.，Wollenberg B. F.．Toward a Smart Grid：Power Delivery for the 21st Century［J］．IEEE Power and Energy Magazine，2005，3（5）：34－41.

［9］ Ipakchi A. , Albuyeh F. . Grid of the Future ［J］. Power and Energy Magazine, IEEE, 2009, 7 (2): 52 –62.

［10］ Moslehi K. , Kumar R. . A Reliability Perspective of the Smart Grid ［J］. IEEE Transaction on Smart Grid, 2010, 1 (1): 57 –64.

［11］ 肖世杰. 构建中国智能电网技术思考 ［J］. 电力系统自动化, 2009, 33 (9): 1 –4.

［12］ 余贻鑫, 栾文鹏. 智能电网述评 ［J］. 中国电机工程学报, 2009, 29 (34): 1 –8.

［13］ 梅生伟, 朱建全. 智能电网中的若干数学问题与控制科学问题及其展望 ［J］. 自动化学报, 2013, 39 (2): 119 –131.

［14］ Farhangi H. . The Path of the Smart Grid ［J］. Power and Energy Magazine, IEEE, 2010, 8 (1): 18 –28.

［15］ 田世明, 王蓓蓓, 张晶. 智能电网条件下的需求响应关键技术 ［J］. 中国电机工程学报, 2014, 34 (22): 3576 –3589.

［16］ 李扬, 孙宇军, 王蓓蓓. 智能电网下需求响应实施模式和激励机制研究 ［J］. 供用电, 2014 (3): 28 –31.

［17］ Wang Q. , Zhang C. , Ding Y. , et al. . Review of Real-time Electricity Markets for Integrating Distributed Energy Resources and Demand Response ［J］. Applied Energy, 2015, 138 (C): 695 –706.

［18］ Hussaina I. , Mohsina S. , Basita A. , et al. . A Review on Demand Response: Pricing, Optimization, and Appliance Scheduling ［J］. Procedia Computer Science, 2015 (52): 843 –850.

［19］ 张钦, 王锡凡, 王建学等. 电力市场下需求响应研究综述 ［J］. 电力系统自动化, 2008, 32 (3): 97 –106.

［20］ 张钦. 智能电网下需求响应热点问题探讨 ［J］. 中国电力, 2013 (6): 85 –90.

[21] Deng R., Yang Z., Hou F., et al.. Distributed Real-time Demand Response in Multiseller-multibuyer Smart Distribution Grid [J]. IEEE Transactions on Power Systems, 2015, 30 (5): 2364-2374.

[22] Strbac G.. Demand Side Management: Benefits and Challenges [J]. Energy Policy, 2008, 36 (12): 4419-4426.

[23] Albadi M. H., El-Saadany E. F.. Demand Response in Electricity Markets: An Overview [C]. IEEE Power Engineering Society General Meeting, 2007: 1-5.

[24] 罗斌，黄晨雨．基于系统动力学的我国居民电价政策动态决策模型 [J]．中国管理科学，2013，21 (11)：652-662.

[25] Tang Y., Song H., Hu F., et al.. Investigation on TOU Pricing Principles [C]. Transmission and Distribution Conference and Exhibition: Asia and Pacific, 2005: 1-9.

[26] Zeng S., Li J., Ren Y.. Research of Time-of-use Electricity Pricing Models in China: A Survey [C]. IEEE International Conference on Industrial Engineering and Engineering Management, 2008: 2191-2195.

[27] Liang X., Li X., Lu R., et al.. UDP: Usage-based Dynamic Pricing with Privacy Preservation for Smart Grid [J]. IEEE Transactions on Smart Grid, 2013, 4 (1): 141-150.

[28] 殷树刚，张宇，拜克明．基于实时电价的智能用电系统 [J]．电网技术，2009，33 (19)：11-16.

[29] 周明华，徐敏．基于最优潮流的实时电价及其算法的研究 [J]．继电器，2006，34 (21)：63-68.

[30] Caramanis M. C., Bohn R., Schweppe F. C.. Optimal Spot Pricing: Practice and Theory [J]. IEEE Transaction on Power Apparatus and Systems, 1982, 10 (9): 3234-3245.

[31] Bu S., Yu F. R., Liu P. X.. Dynamic Pricing for Demand – side Management in the Smart Grid [C]. IEEE Online Conference on Green Communications, New York: IEEE, 2011: 47 – 51.

[32] Huang C., Sarkar S.. Dynamic Pricing for Distributed Generation in Smart Grid [C]. IEEE Green Technologies Conference, 2013: 422 – 429.

[33] Khan A. R., Mahmood A., Safdar A., et al.. Load Forecasting, Dynamic Pricing and DSM in Smart Grid: A Review [J]. Renewable and Sustainable Energy Reviews, 2016 (54): 1311 – 1322.

[34] Pagani G. A., Aiello M.. Generating Realistic Dynamic Prices and Services for the Smart Grid [J]. IEEE Systems Journal, 2015, 9 (1): 191 – 198.

[35] Cabral L.. Dynamic Pricing in Customer Markets with Switching Costs [J]. Review of Economic Dynamics, 2016 (20): 43 – 62.

[36] Joe – Wong C., Sen S., Ha S., et al.. Optimized Day-ahead Pricing for Smart Grids with Device – specific Scheduling Flexibility [J]. IEEE Journal on Selected Areas in Communications, 2012, 30 (6): 1075 – 1085.

[37] Shayeghi H., Ghasemi A, Moradzadeh M, et al.. Simultaneous Day – ahead Forecasting of Electricity Price and Load in Smart Grids [J]. Energy Conversion and Management, 2015 (95): 371 – 384.

[38] Crisostomi E., Gallicchio C., Micheli A., et al.. Prediction of the Italian Electricity Price for Smart Grid Applications [J]. Neurocomputing, 2015 (170): 286 – 295.

[39] Soares J., Ghazvini M. A. F., Vale Z., et al.. A Multi-objective Model for the Day – ahead Energy Resource Scheduling of a Smart Grid with High Penetration of Sensitive Loads [J]. Applied Energy, 2016 (162): 1074 – 1088.

[40] Allcott H.. Rethinking Real-time Electricity Pricing [J]. Resource &

Energy Economics, 2011, 33 (4): 820 – 842.

[41] Oldewurtel F., Ulbig A., Parisio A., et al.. Reducing Peak Electricity Demand in Building Climate Control Using Real-time Pricing and Model Predictive Control [C]. Decision and Control, IEEE, 2010: 1927 – 1932.

[42] Tsui K. M., Chan S. C.. Demand Response Optimization for Smart Home Scheduling under Real – time Pricing [J]. IEEE Transactions on Smart Grid, 2012, 3 (4): 1812 – 1821.

[43] Sioshansi R.. Evaluating the Impacts of Real-time Pricing on the Cost and Value of Wind Generation [J]. IEEE Transactions on Power Systems, 2010, 25 (2): 741 – 748.

[44] Roozbehani M., Dahleh M. A., Mitter S. K.. Volatility of Power Grids under Real – time Pricing [J]. IEEE Transactions on Power Systems, 2012, 27 (4): 1926 – 1940.

[45] Amin S. M.. Smart Grid: Overview, Issues and Opportunities, Advances and Challenges in Sensing, Modeling, Simulation, Optimization and Control [J]. European Journal of Control, 2011, 17 (5): 547 – 567.

[46] 刘振亚. 智能电网技术 [M]. 北京：中国电力出版社，2010.

[47] 余贻鑫，刘艳丽. 智能电网的挑战性问题 [J]. 电力系统自动化，2015，39 (2)：1 – 5.

[48] Logenthiran T., Srinivasan D., Shun T. Z.. Demand Side Management in Smart Grid Using Heuristic Optimization [J]. IEEE Transactions on Smart Grid, 2012, 3 (3): 1244 – 1252.

[49] Saponara S., Bacchillone T.. Network Architecture, Security Issues, and Hardware Implementation of a Home Area Network for Smart Grid [J]. Journal of Computer Networks & Communications, 2012 (7): 285 – 293.

[50] Gellings C. W., Smith W. M.. Integrating Demand – side Management

into Utility Planning [J]. Proceedings of the IEEE, 1989, 77 (6): 908 - 918.

[51] Yang P., Tang G., Nehorai A.. A Game-theoretic Approach for Optimal Time-of-use Electricity Pricing [J]. IEEE Transactions on Power Systems, 2013, 28 (2): 884 - 892.

[52] 刘继东，韩学山，韩伟吉等. 分时电价下用户响应行为的模型与算法 [J]. 电网技术，2013，37 (10): 2973 - 2978.

[53] 阮文骏，王蓓蓓，李扬等. 峰谷分时电价下的用户响应行为研究 [J]. 电网技术，2012，36 (7): 86 - 93.

[54] 谈金晶，王蓓蓓，李扬. 基于多智能体的用户分时电价响应模型 [J]. 电网技术，2012，36 (2): 257 - 263.

[55] 程瑜，翟娜娜. 基于用户响应的分时电价时段划分 [J]. 电力系统自动化，2012，36 (9): 42 - 46.

[56] 王秀丽，黄敏，陈天恩等. 计及可靠性的电力市场分时定价方法 [J]. 电力系统自动化，2009 (10): 29 - 33.

[57] Tan Z. F., Song Y. H., Zhang H. J., et al.. Joint Optimization Model of Generation Side and User Side Based on Energy-saving Policy [J]. Electrical Power and Energy Systems, 2014 (57): 135 - 140.

[58] 李豪，熊中楷，彭志强. 竞争环境下基于顾客策略行为的易逝品动态定价研究 [J]. 中国管理科学，2011，19 (2): 88 - 98.

[59] 樊铁钢，张勇传. 有功与无功功率最优实时定价新方法 [J]. 数学的实践与认识，2000，30 (4): 411 - 415.

[60] 马瑞，贺仁睦. 计及负荷静态电压特性的实时定价方法 [J]. 电网技术，2006，30 (1): 9 - 13.

[61] 徐伟强，冯兆丽，黄炯等. 基于改进对偶分解的智能电网快速实时定价方法 [J]. 电力系统保护与控制，2012，40 (21): 42 - 47.

[62] 曾鸣，王蕾，贾晓希等. 基于对数弹性负荷的电力用户实时定价

模型［J］. 华东电力，2012（5）：708－711.

［63］曲家余. 面向智能电网的基于梯度投影法的实时电价算法研究［D］. 沈阳：东北大学硕士学位论文，2013.

［64］姚婷. 基于实时电价的智能电网用电优化调度［D］. 秦皇岛：燕山大学硕士学位论文，2014.

［65］Mohsenian-Rad A. H.，Leon-Garcia A.. Optimal Residential Load Control with Price Prediction in Real－time Electricity Pricing Environments［J］. IEEE Transactions on Smart Grid，2010，1（2）：120－133.

［66］Huang Y.，Mao S.，Nelms R. M.. Smooth Electric Power Scheduling in Power Distribution Networks［C］. 2012 IEEE Globecom Workshops（GC Wkshps），IEEE，2012：1469－1473.

［67］Chen L.，Li N.，Low S. H.，et al.. Two Market Models for Demand Response in Power Networks［C］. 2010 First IEEE International Conference on Smart Grid Commun ications（SmartGridComm），2010：397－402.

［68］Holland S. P.，Mansur E. T.. Is Real-time Pricing Green? The Environmental Impacts of Electricity Demand Variance［J］. The Review of Economics and Statistics，2008，90（3）：550－561.

［69］Roozbehani M.，Dahleh M. A.，Mitter S. K.. Volatility of Power Grids under Real－time Pricing［J］. IEEE Transactions on Power Systems，2012，27（4）：1926－1940.

［70］Vardakas J. S.，Zorba N.，Verikoukis C. V.. A Survey on Demand Response Programs in Smart Grids：Pricing Methods and Optimization Algorithms［J］. IEEE Communications Surveys & Tutorials，2015，17（1）：152－178.

［71］Deng R.，Yang Z.，Chow M. Y.，et al.. A Survey on Demand Response in Smart Grids：Mathematical Models and Approaches［J］. IEEE Transactions on Industrial Informatics，2015，11（3）：570－582.

[72] Conchado A., Linares P.. The Economic Impact of Demand-Response Programs on Power Systems: A Survey of the State of the Art [M]. Handbook of Networks in Power Systems Ⅰ, Springer Berlin Heidelberg, 2012: 281 –301.

[73] Law Y. W., Alpcan T., Lee V. C. S., et al.. Demand Response Architectures and Load Management Algorithms for Energy – efficient Power Grids: A Survey [C]. Seventh International Conference on Knowledge, Information and Creativity Support Systems, IEEE Computer Society, 2012: 134 –141.

[74] Yang X., Ming Z., Gengyin L. I.. Survey on Demand Response Mechanism and Modeling in Smart Grid [J]. Power System Technology, 2016, 40 (1): 220 –226.

[75] Gao C., Liang T., Li Y.. A Survey on Theory and Practice of Automated Demand Response [J]. Power System Technology, 2014, 38 (2): 352 –359.

[76] 卢强，陈来军，梅生伟．博弈论在电力系统中典型应用及若干展望 [J]．中国电机工程学报，2014，34 (29)：5009 –5017.

[77] 梅生伟，魏韡．智能电网环境下主从博弈模型及应用实例 [J]．系统科学与数学，2014 (11)：1331 –1344.

[78] Jiang G., Yu L., Wu Y., et al.. Cooperative Electricity Consumption Scheduling and Pricing for Future Residential Smart Grid [C] //2013 9th Asian Control Conference (ASCC), IEEE, 2013: 1 –6.

[79] Vinyals M., Bistaffa F., Farinelli A., et al.. Stable Coalition Formation among Energy Consumers in the Smart Grid [C]. Proceedings of the 3rd International Workshop on Agent Technologies for Energy Systems (ATES 2012), 2012.

[80] Lee W., Xiang L., Schober R., et al.. Direct Electricity Trading in Smart Grid: A Coalitional Game Analysis [J]. IEEE Journal on Selected Areas

in Communications, 2014, 32 (7): 1398 - 1411.

[81] Bu S., Yu F. R., Liu P. X.. A Game-theoretical Decision - making Scheme for Electricity Retailers in the Smart Grid with Demand - side Management [C]. IEEE International Conference on Smart Grid Communications (SmartGrid-Comm), IEEE, 2011: 387 - 391.

[82] Rautiainen T., Lunden J., Werner S., et al.. Demand Side Management Through Electricity Pricing in Competitive Environments [C]. 2013 4th IEEE/PES Innovative Smart Grid Technologies Europe (ISGT EUROPE), IEEE, 2013: 1 - 5.

[83] Ma K., Hu G., Spanos C. J.. Distributed Energy Consumption Control via Real - time Pricing Feedback in Smart Grid [J]. IEEE Transactions on Control Systems Technology, 2014, 22 (5): 1907 - 1914.

[84] Samadi P., Mohsenian-Rad A. H., Schober R., et al.. Optimal Real - time Pricing Algorithm Based on Utility Maximization for Smart Grid [C]. IEEE International Conference on Smart Grid Communications. IEEE, 2010: 415 - 420.

[85] Song X., Qu J. Y.. An Improved Real - time Pricing Algorithm Based on Utility Maximization for Smart Grid [C]. 11th World Congress on Intelligent Control and Automation (WCICA), 2014: 2509 - 2513.

[86] Asadi G., Gitizadeh M., Roosta A.. Welfare Maximization under Real - time Pricing in Smart Grid Using PSO Algorithm [C]. 21st Iranian Conference on Electrical Engineering (ICEE), 2013: 1 - 7.

[87] Tarasak P.. Optimal Real-time Pricing under Load Uncertainty Based on Utility Maximization for Smart Grid [C]. IEEE International Conference on Smart Grid Communications. IEEE, 2011: 321 - 326.

[88] Wang Y., Mao S. W., Nelms R. M.. Distributed Online Algorithm for

Optimal Real-time Energy Distribution in the Smart Grid [J]. IEEE Internet of Things Journal, 2014, 1 (1): 70-80.

[89] Zhang W., Chen G., Dong Z. Y.. An Efficient Algorithm for Optimal Real-time Pricing Strategy in Smart Grid [C]. PES General Meeting Conference & Exposition, IEEE, 2014: 1-5.

[90] Tsai S. C., Tseng Y. H., Chang T H.. Communication-efficient Distributed Demand Response: A Randomized ADMM Approach [J]. IEEE Transactions on Smart Grid, 2017, 8 (3): 1085-1095.

[91] Tan Z., Yang P., Nehorai A.. An Optimal and Distributed Demand Response Strategy with Electric Vehicles in the Smart Grid [J]. IEEE Transactions on Smart Grid, 2014, 5 (2): 861-869.

[92] Feng C., Li Z., Shahidehpour M., et al.. Decentralized Short-term Voltage Control in Active Power Distribution Systems [J]. IEEE Transactions on Smart Grid, 2017, PP (99): 1-10.

[93] Wang Y., Wu L., Wang S.. A Fully-decentralized Consensus-based ADMM Approach for DC-OPF with Demand Response [J]. IEEE Transactions on Smart Grid, 2016, 8 (6): 2637-2647.

[94] Nguyen D. H., Narikiyo T., Kawanishi M.. Optimal Demand Response and Real-time Pricing by a Sequential Distributed Consensus-based ADMM Approach [J]. IEEE Transactions on Smart Grid, 2017, PP (99): 1-11.

[95] Qian L. P., Zhang Y. J. A., Huang J., et al.. Demand Response Management via Real-time Electricity Price Control in Smart Grids [J]. IEEE Journal on Selected Areas in Communications, 2013, 31 (7): 1268-1280.

[96] Chang T. H., Alizadeh M., Scaglione A.. Real-time Power Balancing via Decentralized Coordinated Home Energy Scheduling [J]. IEEE Transactions on Smart Grid, 2013, 4 (3): 1490-1504.

[97] Joo J. Y. , Ilĭc M. D. . Multi-layered Optimization of Demand Resources Using Lagrange Dual decomposition [J] . IEEE Transactions on Smart Grid, 2013, 4 (4): 2081 –2088.

[98] Roh H. T. , Lee J. W. . Residential Demand Response Scheduling with Multiclass Appliances in the Smart Grid [J] . IEEE Transactions on Smart Grid, 2016, 7 (1): 94 –104.

[99] Wang R. , Wang P. , Xiao G. , et al. . Power Demand and Supply Management in Microgrids with Uncertainties of Renewable Energies [J] . International Journal of Electrical Power & Energy Systems, 2014, 63 (12): 260 –269.

[100] Moghadam M. R. V. , Zhang R. , Ma R. T. B. . Demand Response for Contingency Management via Real-time Pricing in Smart Grids [C] . IEEE International Conference on Smart Grid Communications, IEEE, 2014: 632 –637.

[101] Anees A. , Chen Y. P. P. . True Real Time Pricing and Combined Power Scheduling of Electric Appliances in Residential Energy Management System [J] . Applied Energy, 2016 (165): 592 –600.

[102] Kim S. J. , Giannakis G. . An Online Convex Optimization Approach to Real – Time Energy Pricing for Demand Response [J] . IEEE Transactions on Smart Grid, 2017, 8 (6): 2784 –2793.

[103] Ma J. , Chen H. H. , Song L. , et al. . Residential Load Scheduling in Smart Grid: A Cost Efficiency Perspective [J] . IEEE Transactions on Smart Grid, 2016, 7 (2): 771 –784.

[104] Moghadam M. R. V. , Ma R. T. B. , Zhang R. . Distributed Frequency Control in Smart Grids via Randomized Demand Response [J] . IEEE Transactions on Smart Grid, 2014, 5 (6): 2798 –2809.

[105] Meng F. L. , Zeng X. J. . An Optimal Real-time Pricing for Demand – side

Management: A Stackelberg Game and Genetic Algorithm Approach [C]. International Joint Conference on Neural Networks, IEEE, 2014: 1703-1710.

[106] Samadi P., Mohsenian-Rad H., Schober R, et al.. Advanced Demand Side Management for the Future Smart Grid Using Mechanism Design [J]. IEEE Transactions on Smart Grid, 2012, 3 (3): 1170-1180.

[107] Mohsenian-Rad A. H., Wong V. W. S., Jatskevich J., et al.. Autonomous Demand-side Management Based on Game-theoretic Energy Consumption Scheduling for the Future Smart Grid [J]. IEEE Transactions on Smart Grid, 2010, 1 (3): 320-331.

[108] 陈宝林．最优化理论与算法（第2版）[M]．北京：清华大学出版社，2005.

[109] Boyd S., Vandenberghe L.. 凸优化 [M]．北京：清华大学出版社，2013.

[110] [日] 福岛雅夫．非线性最优化基础 [M]．北京：科学出版社，2011.

[111] 王宜举，修乃华．非线性最优化理论与方法 [M]．北京：科学出版社，2016.

[112] [美] 博塞卡斯．凸优化算法 [M]．北京：清华大学出版社，2016.

[113] Hestenes M. R.. Multiplier and Gradient Methods [J]. Journal of Optimization Theory & Applications, 1969, 4 (5): 303-320.

[114] Powell M. J. D.. A Method for Nonlinear Constraints in Minimization Problems [J]. Optimization, 1969, 5 (6): 283-298.

[115] Boyd S., Parikh N., Chu E., et al.. Distributed Optimization and Statistical Learning via the Alternating Direction Method of Multipliers [J]. Foundations & Trends in Machine Learning, 2010, 3 (1): 1-122.

[116] 张立卫，单锋．最优化方法［M］．北京：科学出版社，2010.

[117] Metropolis R., Rosenbluth A., Teller A, et al.. Simulated Annealing [J]. Journal of Chemical Physics, 1953, 21 (161): 1087-1092.

[118] Burke E. K., Kendall G., Dowsland K. A., et al.. Search Methodologies [M]. Springer, 2005.

[119] 胡奇英．随机运筹学：Stochastic operations research［M］．北京：清华大学出版社，2012.

[120] Wai-KiChing，程伟琪，黄曦敏等．马尔可夫链：模型、算法与应用［M］．北京：清华大学出版社，2015.

[121] He B. S., Tao M., Yuan X.. Alternating Direction Method with Gaussian Back Substitution for Separable Convex Programming [J]. Siam Journal on Optimization, 2012, 22 (2): 313-340.

[122] Setzer S., Steidl G., Teuber T.. Deblurring Poissonian Images by Split Bregman Techniques [J]. Journal of Visual Communication & Image Representation, 2010, 21 (3): 193-199.

[123] Open E. I., Residential Load Data [EB/OL]. http://en.openei.org/wiki/Main_ Page. Accessed: Oct. 2014.

[124] Varaiya P. P., Wu F. F., Bialek J. W.. Smart Operation of Smart Grid: Risk-limiting Dispatch [J]. Proceedings of the IEEE, 2011, 99 (1): 40-57.

[125] Yesudas R., Clarke R.. A Framework for Risk Analysis in Smart Grid [M]. Critical Information Infrastructures Security, 2013: 84-95.

[126] Saber A. Y., Venayagamoorthy G. K.. Resource Scheduling under Uncertainty in a Smart Grid with Renewables and Plug-in Vehicles [J]. IEEE Systems Journal, 2012, 6 (1): 103-109.

[127] Samadi P., Mohsenian-Rad H., Wong V. W. S., et al.. Tackling

the Load Uncertainty Challenges for Energy Consumption Scheduling in Smart Grid [J]. IEEE Transactions on Smart Grid, 2013, 4 (2): 1007-1016.

[128] 张钦，王锡凡，王建学．需求侧实时电价下供电商购售电风险决策 [J]．电力系统自动化，2010，34 (3)：22-27.

[129] 李鹏，李存斌，祁之强．智能电网下考虑风险的供电企业购电优化模型 [J]．运筹与管理，2014 (1)：108-115.

[130] 李鹏，李存斌，牛利霞．考虑信息风险元不确定性的智能电网调度决策风险传递模型 [J]．华北电力大学学报（自然科学版），2015，42 (2)：43-49.

[131] 高岩．带有边际效用非递减用户的智能电网实时电价定价方法 [J]．工业工程与管理 2018，23 (1)：141-144.

[132] Lu Z., Qi J., Zhang J., et al.. Modelling Dynamic Demand Response for Plug-in Hybrid Electric Vehicles Based on Real-time Charging Pricing [J]. Iet Generation Transmission & Distribution, 2017, 11 (1): 228-235.

[133] Yang Q., Fang X.. Demand Response under Real-time Pricing for Domestic Households with Renewable DGs and Storage [J]. Iet Generation Transmission & Distribution, 2017, 11 (8): 1910-1918.

[134] Ma C. Y. T., Yau D. K. Y., Rao N. S. V.. Scalable Solutions of Markov Games for Smart-grid Infrastructure Protection [J]. IEEE Transactions on Smart Grid, 2013, 4 (1): 47-55.

[135] Misra S., Mondal A., Banik S., et al.. Residential Energy Management in Smart Grid: A Markov Decision Process-based Approach [C]. IEEE International Conference on Green Computing and Communications and IEEE Internet of Things and IEEE Cyber, Physical and Social Computing, IEEE Computer Society, 2013: 1152-1157.

[136] 计鹿飞，江琦，唐昊等．基于半马尔可夫控制过程的智能电网最优储能控制 [J]．电力系统自动化，2015，(6)：24－27.

[137] 李江波，王波，高岩等．马尔可夫决策过程下的智能电网实时电价模型 [J]．系统仿真学报，2016，28 (11)：2756－2763.

[138] 陈思运，高峰，刘烃等．基于因子隐马尔可夫模型的负荷分解方法及灵敏度分析 [J]．电力系统自动化，2016，40 (21)：128－136.

[139] Kobayashi K., Maruta I., Sakurama K., et al.. Modeling and Design of Real-time Pricing Systems Based on Markov Decision Processes [J]. Applied Mathematics, 2014, 5 (10): 1485－1495.

[140] Kobayashi K., Hiraishi K.. Algorithm for Optimal Real-time Pricing Based on Switched Markov Chain Models [C]. Innovative Smart Grid Technologies Conference, IEEE, 2015: 1－5.

[141] Kobayashi K.. Optimal Real-time Pricing of Electricity Based on Switched Markov Chain Models and Welfare Maximization [C]. IEEE, International Conference on Cyber-Physical Systems, Networks, and Applications, IEEE, 2016: 35－39.

[142] Hajek B.. Cooling Schedules for Optimal Annealing [M]. INFORMS, 1988.

[143] Romero R., Gallego R. A., Monticelli A.. Transmission System Expansion Planning by Simulated Annealing [C]. Power Industry Computer Application Conference, 1995. Conference Proceedings, IEEE, 1995: 278－283.

[144] Erdinc O., Paterakis N. G., Mendes T. D. P., et al.. Smart Household Operation Considering Bi-Directional EV and ESS Utilization by Real-time Pricing－based DR [J]. IEEE Transactions on Smart Grid, 2015, 6 (3): 1281－1291.

[145] Wang Y., Wang B., Chu C. C., et al.. Energy Management for a

Commercial Building Microgrid with Stationary and Mobile Battery Storage [J]. Energy & Buildings, 2016 (116): 141 – 150.

[146] Zhao C., Dong S., Li F., et al.. Optimal Home Energy Management System with Mixed Types of Loads [J]. Csee Journal of Power & Energy Systems, 2016, 1 (4): 29 – 37.

[147] Chen X., Wei T., Hu S.. Uncertainty-aware Household Appliance Scheduling Considering Dynamic Electricity Pricing in Smart Home [J]. IEEE Transactions on Smart Grid, 2013, 4 (2): 932 – 941.

[148] Erdinc O.. Economic Impacts of Small-scale Own Generating and Storage Units, and Electric Vehicles under Different Demand Response Strategies for Smart Households [J]. Applied Energy, 2014 (126): 142 – 150.

[149] Weis A., Jaramillo P., Michalek J.. Estimating the Potential of Controlled Plug-in Hybrid Electric Vehicle Charging to Reduce Operational and Capacity Expansion Costs for Electric Power Systems with High Wind Penetration [J]. Applied Energy, 2014, 115 (4): 190 – 204.

[150] Sánchez-Martín P., Lumbreras S., Alberdi – Alén A.. Stochastic Programming Applied to EV Charging Points for Energy and Reserve Service Markets [J]. IEEE Transactions on Power Systems, 2015, 31 (1): 198 – 205.

[151] Angelis F. D., Boaro M., Fuselli D., et al.. Optimal Home Energy Management Under Dynamic Electrical and Thermal Constraints [J]. IEEE Transactions on Industrial Informatics, 2013, 9 (3): 1518 – 1527.

[152] Wan Z., Teo K. L., Shen X. L., et al.. New BFGS Method for Unconstrained Optimization Problem Based on Modified Armijo Line Search [J]. Optimization, 2014, 63 (2): 285 – 304.

[153] Zhang L., Zhou W., Li D.. Global Convergence of A Modified Fletcher – Reeves Conjugate Gradient Method with Armijo – type Line Search

[J] . Numerische Mathematik, 2006, 104 (4): 561 –572.

[154] Kelso J. D. . Buildings Energy Data Book [Z] . 2011.

[155] Boyd S. , Vandenberghe L. . Convex Optimization [M] . Beijing: Tsinghua University Press, 2013.

附录　居民用户实际用电数据

居民用户的实际用电数据下载自 Open EI. Residential Load Data（http：//en. openei. org/wiki/Main_ Page），以 2013 年 1 月的前十天为例列表如下：

日期/时间	购电量	天然气	内部照明	外部照明	必须运行家用设备	可控家用设备	热水器
01/01　01：00：00	0. 642567641	0. 360358013	0. 128562411	0. 026369419	0. 092942925	0. 379617886	0. 334208097
01/01　02：00：00	0. 531165783	0. 291509245	0. 074994767	0. 015382159	0. 076185780	0. 349528078	0. 267432061
01/01　03：00：00	0. 487432007	0. 274585757	0. 053567677	0. 010987259	0. 062326493	0. 345475578	0. 250787728
01/01　04：00：00	0. 474218945	0. 282202075	0. 053567677	0. 010987259	0. 053976431	0. 340612579	0. 258739034
01/01　05：00：00	0. 473198693	0. 339558262	0. 053567677	0. 010987259	0. 065822864	0. 327745893	0. 316981540
01/01　06：00：00	0. 525446192	0. 593709346	0. 053567677	0. 010987259	0. 080078181	0. 365738076	0. 568515539
01/01　07：00：00	0. 726509290	1. 063677497	0. 123205679	0. 025270688	0. 140383543	0. 422574380	1. 034568530
01/01　08：00：00	1. 026067427	1. 197469040	0. 251768090	0. 051640107	0. 228567291	0. 449016939	1. 166538582
01/01　09：00：00	0. 986318055	1. 164355926	0. 241054561	0. 049442657	0. 301127950	0. 379617886	1. 138206010
01/01　10：00：00	0. 861701440	1. 056260688	0. 123205679	0. 025270688	0. 375064554	0. 323085519	1. 034004995
01/01　11：00：00	0. 864206149	0. 929482331	0. 101778556	0. 020875789	0. 395792849	0. 330683955	0. 906703221
01/01　12：00：00	0. 882123098	0. 814560882	0. 101778556	0. 020875789	0. 413608485	0. 330785268	0. 791774793
01/01　13：00：00	0. 862598906	0. 724867159	0. 101778556	0. 020875789	0. 399656480	0. 325213081	0. 702464910
01/01　14：00：00	0. 835623927	0. 669256317	0. 101778556	0. 020875789	0. 361435816	0. 336458767	0. 646079410

续表

日期/时间	购电量	天然气	内部照明	外部照明	必须运行家用设备	可控家用设备	热水器
01/01　15：00：00	0. 831356819	0. 617144637	0. 107135353	0. 021974520	0. 331767743	0. 355404202	0. 592662676
01/01　16：00：00	0. 891545084	0. 623743181	0. 133919208	0. 027468151	0. 339922589	0. 375160137	0. 597900336
01/01　17：00：00	1. 119593078	0. 690904958	0. 224984235	0. 046146490	0. 389638663	0. 443748690	0. 660337403
01/01　18：00：00	1. 538109110	0. 825528376	0. 417827884	0. 085700619	0. 480421868	0. 539083740	0. 788393681
01/01　19：00：00	1. 811788512	0. 955094622	0. 621385062	0. 127452197	0. 432594020	0. 585282233	0. 914777552
01/01　20：00：00	1. 762817728	0. 984338705	0. 658882445	0. 135143276	0. 349590651	0. 604126356	0. 942723560
01/01　21：00：00	1. 634983069	0. 918904098	0. 567817418	0. 116464937	0. 310730298	0. 624895416	0. 875858280
01/01　22：00：00	1. 493869480	0. 827980645	0. 476752325	0. 097786597	0. 293949140	0. 610306417	0. 785939787
01/01　23：00：00	1. 209909129	0. 684688645	0. 358903443	0. 073614627	0. 234174068	0. 528141991	0. 648307670
01/01　24：00：00	0. 922428871	0. 527343427	0. 246411292	0. 050541389	0. 151455627	0. 458945563	0. 495729038
01/02　01：00：00	0. 635993957	0. 348696867	0. 128562411	0. 026369419	0. 086369242	0. 379617886	0. 322546951
01/02　02：00：00	0. 527218759	0. 285883882	0. 074994767	0. 015382159	0. 072238755	0. 349528078	0. 261806698
01/02　03：00：00	0. 484820769	0. 267936959	0. 053567677	0. 010987259	0. 059715255	0. 345475578	0. 244138931
01/02　04：00：00	0. 472853541	0. 276035014	0. 053567677	0. 010987259	0. 052611026	0. 340612579	0. 252571972
01/02　05：00：00	0. 470527537	0. 327826229	0. 053567677	0. 010987259	0. 063151709	0. 327745893	0. 305249507
01/02　06：00：00	0. 521349499	0. 560439574	0. 053567677	0. 010987259	0. 075981488	0. 365738076	0. 535245767
01/02　07：00：00	0. 716108402	1. 002365347	0. 123205679	0. 025270688	0. 129758031	0. 422574380	0. 965158444
01/02　08：00：00	1. 005537044	1. 138466978	0. 251768090	0. 051640107	0. 207405929	0. 449016939	1. 084788996
01/02　09：00：00	0. 953880754	1. 078890966	0. 241054561	0. 049442657	0. 268690649	0. 379617886	1. 052741051
01/02　10：00：00	0. 816670382	0. 979182193	0. 123205679	0. 025270688	0. 330033496	0. 323085519	0. 956926500
01/02　11：00：00	0. 813289920	0. 866708498	0. 101778556	0. 020875789	0. 344876620	0. 330683955	0. 843929388
01/02　12：00：00	0. 829634338	0. 763046851	0. 101778556	0. 020875789	0. 361119726	0. 330785268	0. 740260762
01/02　13：00：00	0. 814788399	0. 680379750	0. 101778556	0. 020875789	0. 351845974	0. 325213081	0. 657977500
01/02　14：00：00	0. 792035895	0. 630716953	0. 101778556	0. 020875789	0. 317847783	0. 336458767	0. 607540046
01/02　15：00：00	0. 792231247	0. 584154322	0. 107135353	0. 021974520	0. 292642171	0. 355404202	0. 559672361
01/02　16：00：00	0. 854486111	0. 591557620	0. 133919208	0. 027468151	0. 302863616	0. 375160137	0. 565714776
01/02　17：00：00	1. 083675159	0. 650724641	0. 224984235	0. 046146490	0. 353720743	0. 443748690	0. 620157086
01/02　18：00：00	1. 502757180	0. 777886576	0. 417827884	0. 085700619	0. 445069937	0. 539083740	0. 740751881
01/02　19：00：00	1. 777478196	0. 888391175	0. 621385062	0. 127452197	0. 398283704	0. 585282233	0. 848074104

续表

日期/时间	购电量	天然气	内部照明	外部照明	必须运行家用设备	可控家用设备	热水器
01/02 20：00：00	1.728572974	0.907004640	0.658882445	0.135143276	0.315345897	0.604126356	0.865389495
01/02 21：00：00	1.600127698	0.845817459	0.567817418	0.116464937	0.275874928	0.624895416	0.802771641
01/02 22：00：00	1.458262622	0.766726360	0.476752325	0.097786597	0.258342283	0.610306417	0.724685502
01/02 23：00：00	1.181615917	0.637323036	0.358903443	0.073614627	0.205880856	0.528141991	0.600942062
01/02 24：00：00	0.906894026	0.498871009	0.246411292	0.050541389	0.135920782	0.458945563	0.467256620
01/03 01：00：00	0.635993957	0.351204310	0.128562411	0.026369419	0.086369242	0.379617886	0.325054394
01/03 02：00：00	0.527218759	0.286637685	0.074994767	0.015382159	0.072238755	0.349528078	0.262560501
01/03 03：00：00	0.484820769	0.269152937	0.053567677	0.010987259	0.059715255	0.345475578	0.245354909
01/03 04：00：00	0.472853541	0.275441773	0.053567677	0.010987259	0.052611026	0.340612579	0.251978732
01/03 05：00：00	0.470527537	0.328290651	0.053567677	0.010987259	0.063151709	0.327745893	0.305713929
01/03 06：00：00	0.521349499	0.561120599	0.053567677	0.010987259	0.075981488	0.365738076	0.535926792
01/03 07：00：00	0.715883778	0.994428848	0.123205679	0.025270688	0.129758031	0.422574380	0.965319882
01/03 08：00：00	1.004906065	1.116415951	0.251768090	0.051640107	0.207405929	0.449016939	1.085485493
01/03 09：00：00	0.953880754	1.079608900	0.241054561	0.049442657	0.268690649	0.379617886	1.053458984
01/03 10：00：00	0.816670382	0.979979165	0.123205679	0.025270688	0.330033496	0.323085519	0.957723472
01/03 11：00：00	0.813289920	0.869292861	0.101778556	0.020875789	0.344876620	0.330683955	0.846513751
01/03 12：00：00	0.829634338	0.769167934	0.101778556	0.020875789	0.361119726	0.330785268	0.746381846
01/03 13：00：00	0.814788399	0.690836724	0.101778556	0.020875789	0.351845974	0.325213081	0.668434474
01/03 14：00：00	0.792035895	0.645569435	0.101778556	0.020875789	0.317847783	0.336458767	0.622392528
01/03 15：00：00	0.792231247	0.601093497	0.107135353	0.021974520	0.292642171	0.355404202	0.576611536
01/03 16：00：00	0.854486111	0.606370950	0.133919208	0.027468151	0.302863616	0.375160137	0.580528106
01/03 17：00：00	1.083675159	0.664659059	0.224984235	0.046146490	0.353720743	0.443748690	0.634091503
01/03 18：00：00	1.502757180	0.787945320	0.417827884	0.085700619	0.445069937	0.539083740	0.750810625
01/03 19：00：00	1.777478196	0.899227328	0.621385062	0.127452197	0.398283704	0.585282233	0.858910258
01/03 20：00：00	1.728572974	0.918303661	0.658882445	0.135143276	0.315345897	0.604126356	0.876688516
01/03 21：00：00	1.600127698	0.855606639	0.567817418	0.116464937	0.275874928	0.624895416	0.812560820
01/03 22：00：00	1.458262622	0.776277816	0.476752325	0.097786597	0.258342283	0.610306417	0.734236958
01/03 23：00：00	1.181615917	0.646374741	0.358903443	0.073614627	0.205880856	0.528141991	0.609993766
01/03 24：00：00	0.906894026	0.508808231	0.246411292	0.050541389	0.135920782	0.458945563	0.477193841

续表

日期/时间	购电量	天然气	内部照明	外部照明	必须运行家用设备	可控家用设备	热水器
01/04 01：00：00	0.635993957	0.360450728	0.128562411	0.026369419	0.086369242	0.379617886	0.334300812
01/04 02：00：00	0.527218759	0.296424592	0.074994767	0.015382159	0.072238755	0.349528078	0.272347408
01/04 03：00：00	0.487949502	0.391726228	0.053567677	0.010987259	0.059715255	0.345475578	0.255133725
01/04 04：00：00	0.482690980	0.639256721	0.053567677	0.010987259	0.052611026	0.340612579	0.261142553
01/04 05：00：00	0.485262943	0.867221470	0.053567677	0.010987259	0.063151709	0.327745893	0.313416229
01/04 06：00：00	0.540137214	1.245239513	0.053567677	0.010987259	0.075981488	0.365738076	0.542726723
01/04 07：00：00	0.755791667	2.438486037	0.123205679	0.025270688	0.129758031	0.422574380	0.970651267
01/04 08：00：00	1.047899152	2.668799133	0.251768090	0.051640107	0.207405929	0.449016939	1.087917886
01/04 09：00：00	0.965724931	1.509731713	0.241054561	0.049442657	0.268690649	0.379617886	1.056585460
01/04 10：00：00	0.816670382	0.983469203	0.123205679	0.025270688	0.330033496	0.323085519	0.961213510
01/04 11：00：00	0.813289920	0.870762284	0.101778556	0.020875789	0.344876620	0.330683955	0.847983174
01/04 12：00：00	0.829634338	0.768515675	0.101778556	0.020875789	0.361119726	0.330785268	0.745729586
01/04 13：00：00	0.814788399	0.686379581	0.101778556	0.020875789	0.351845974	0.325213081	0.663977331
01/04 14：00：00	0.792035895	0.640613278	0.101778556	0.020875789	0.317847783	0.336458767	0.617436371
01/04 15：00：00	0.792231247	0.595743615	0.107135353	0.021974520	0.292642171	0.355404202	0.571261655
01/04 16：00：00	0.854486111	0.601856823	0.133919208	0.027468151	0.302863616	0.375160137	0.576013979
01/04 17：00：00	1.083675159	0.660755301	0.224984235	0.046146490	0.353720743	0.443748690	0.630187745
01/04 18：00：00	1.502757180	0.786833745	0.417827884	0.085700619	0.445069937	0.539083740	0.749699050
01/04 19：00：00	1.777478196	0.897173378	0.621385062	0.127452197	0.398283704	0.585282233	0.856856308
01/04 20：00：00	1.728572974	0.915901010	0.658882445	0.135143276	0.315345897	0.604126356	0.874285865
01/04 21：00：00	1.600127698	0.853632745	0.567817418	0.116464937	0.275874928	0.624895416	0.810586927
01/04 22：00：00	1.458262622	0.774697106	0.476752325	0.097786597	0.258342283	0.610306417	0.732656248
01/04 23：00：00	1.181615917	0.644883999	0.358903443	0.073614627	0.205880856	0.528141991	0.608503024
01/04 24：00：00	0.906894026	0.507543322	0.246411292	0.050541389	0.135920782	0.458945563	0.475928932
01/05 01：00：00	0.635993957	0.359018624	0.128562411	0.026369419	0.086369242	0.379617886	0.332868708
01/05 02：00：00	0.527218759	0.294163998	0.074994767	0.015382159	0.072238755	0.349528078	0.270086814
01/05 03：00：00	0.485075685	0.287020065	0.053567677	0.010987259	0.059715255	0.345475578	0.254032018
01/05 04：00：00	0.480869666	0.573682664	0.053567677	0.010987259	0.052611026	0.340612579	0.261228975
01/05 05：00：00	0.485702873	0.883257251	0.053567677	0.010987259	0.063151709	0.327745893	0.313592033

续表

日期/时间	购电量	天然气	内部照明	外部照明	必须运行家用设备	可控家用设备	热水器
01/05 06：00：00	0.542441224	1.328857292	0.053567677	0.010987259	0.075981488	0.365738076	0.543282270
01/05 07：00：00	0.733608712	1.640033575	0.123205679	0.025270688	0.129758031	0.422574380	0.971920120
01/05 08：00：00	1.025749351	1.871755039	0.251768090	0.051640107	0.207405929	0.449016939	1.089399871
01/05 09：00：00	0.963932008	1.446537097	0.241054561	0.049442657	0.268690649	0.379617886	1.058027790
01/05 10：00：00	0.816670382	0.984741345	0.123205679	0.025270688	0.330033496	0.323085519	0.962485652
01/05 11：00：00	0.813289920	0.872555695	0.101778556	0.020875789	0.344876620	0.330683955	0.849776585
01/05 12：00：00	0.829634338	0.769489904	0.101778556	0.020875789	0.361119726	0.330785268	0.746703815
01/05 13：00：00	0.814788399	0.688693772	0.101778556	0.020875789	0.351845974	0.325213081	0.666291522
01/05 14：00：00	0.792035895	0.642280849	0.101778556	0.020875789	0.317847783	0.336458767	0.619103942
01/05 15：00：00	0.792231247	0.594817355	0.107135353	0.021974520	0.292642171	0.355404202	0.570335395
01/05 16：00：00	0.854486111	0.602022358	0.133919208	0.027468151	0.302863616	0.375160137	0.576179513
01/05 17：00：00	1.083675159	0.662051908	0.224984235	0.046146490	0.353720743	0.443748690	0.631484352
01/05 18：00：00	1.502757180	0.791516327	0.417827884	0.085700619	0.445069937	0.539083740	0.754381633
01/05 19：00：00	1.777478196	0.904429964	0.621385062	0.127452197	0.398283704	0.585282233	0.864112894
01/05 20：00：00	1.728572974	0.923662708	0.658882445	0.135143276	0.315345897	0.604126356	0.882047563
01/05 21：00：00	1.600127698	0.861348971	0.567817418	0.116464937	0.275874928	0.624895416	0.818303153
01/05 22：00：00	1.458262622	0.782899026	0.476752325	0.097786597	0.258342283	0.610306417	0.740858169
01/05 23：00：00	1.181615917	0.655162886	0.358903443	0.073614627	0.205880856	0.528141991	0.618781912
01/05 24：00：00	0.916980778	0.879475061	0.246411292	0.050541389	0.135920782	0.458945563	0.484221521
01/06 01：00：00	0.661131924	1.272316210	0.128562411	0.026369419	0.086369242	0.379617886	0.339913382
01/06 02：00：00	0.564761184	1.651543560	0.074994767	0.015382159	0.072238755	0.349528078	0.274018322
01/06 03：00：00	0.533092120	2.020208112	0.053567677	0.010987259	0.059715255	0.345475578	0.256171728
01/06 04：00：00	0.530215494	2.352743537	0.053567677	0.010987259	0.052611026	0.340612579	0.261315367
01/06 05：00：00	0.535287286	2.671002602	0.053567677	0.010987259	0.063151709	0.327745893	0.313761627
01/06 06：00：00	0.592053753	3.117981584	0.053567677	0.010987259	0.075981488	0.365738076	0.543817199
01/06 07：00：00	0.811414331	4.446237990	0.123205679	0.025270688	0.129758031	0.422574380	0.973141487
01/06 08：00：00	1.073969011	3.611556833	0.251768090	0.051640107	0.207405929	0.449016939	1.090826856
01/06 09：00：00	1.003574335	2.877077533	0.241054561	0.049442657	0.268690649	0.379617886	1.059416238
01/06 10：00：00	0.846373097	2.057695697	0.123205679	0.025270688	0.330033496	0.323085519	0.964622582

续表

日期/时间	购电量	天然气	内部照明	外部照明	必须运行家用设备	可控家用设备	热水器
01/06 11：00：00	0.838043946	1.767876550	0.101778556	0.020875789	0.344876620	0.330683955	0.852685995
01/06 12：00：00	0.829634338	0.775029303	0.101778556	0.020875789	0.361119726	0.330785268	0.752243215
01/06 13：00：00	0.814788399	0.692869380	0.101778556	0.020875789	0.351845974	0.325213081	0.670467130
01/06 14：00：00	0.792035895	0.645805112	0.101778556	0.020875789	0.317847783	0.336458767	0.622628205
01/06 15：00：00	0.792231247	0.598987356	0.107135353	0.021974520	0.292642171	0.355404202	0.574505396
01/06 16：00：00	0.854486111	0.603724197	0.133919208	0.027468151	0.302863616	0.375160137	0.577881353
01/06 17：00：00	1.083675159	0.664187259	0.224984235	0.046146490	0.353720743	0.443748690	0.633619703
01/06 18：00：00	1.502757180	0.792996601	0.417827884	0.085700619	0.445069937	0.539083740	0.755861906
01/06 19：00：00	1.777478196	0.904492710	0.621385062	0.127452197	0.398283704	0.585282233	0.864175640
01/06 20：00：00	1.728572974	0.923733417	0.658882445	0.135143276	0.315345897	0.604126356	0.882118272
01/06 21：00：00	1.600127698	0.862907879	0.567817418	0.116464937	0.275874928	0.624895416	0.819862061
01/06 22：00：00	1.458262622	0.785047809	0.476752325	0.097786597	0.258342283	0.610306417	0.743006951
01/06 23：00：00	1.181615917	0.655526589	0.358903443	0.073614627	0.205880856	0.528141991	0.619145614
01/06 24：00：00	0.919276928	0.962446624	0.246411292	0.050541389	0.135920782	0.458945563	0.484414212
01/07 01：00：00	0.672537782	1.459387325	0.128562411	0.026369419	0.092942925	0.379617886	0.352778968
01/07 02：00：00	0.575340953	1.897447873	0.074994767	0.015382159	0.076185780	0.349528078	0.280804456
01/07 03：00：00	0.543182848	2.294838105	0.053567677	0.010987259	0.062326493	0.345475578	0.261157447
01/07 04：00：00	0.539549657	2.645388249	0.053567677	0.010987259	0.053976431	0.340612579	0.266677071
01/07 05：00：00	0.545403443	2.950369336	0.053567677	0.010987259	0.065822864	0.327745893	0.324727426
01/07 06：00：00	0.603812182	3.425908729	0.053567677	0.010987259	0.080078181	0.365738076	0.575529845
01/07 07：00：00	0.833829156	4.943989732	0.123205679	0.025270688	0.140383543	0.422574380	1.045874807
01/07 08：00：00	1.110716656	4.261772489	0.251768090	0.051640107	0.228567291	0.449016939	1.179138882
01/07 09：00：00	1.049248728	3.446378632	0.241054561	0.049442657	0.301127950	0.379617886	1.151504792
01/07 10：00：00	0.900271690	2.462119683	0.123205679	0.025270688	0.375064554	0.323085519	1.049361609
01/07 11：00：00	0.892454509	1.966596979	0.101778556	0.020875789	0.395792849	0.330683955	0.925431654
01/07 12：00：00	0.882123098	0.835838216	0.101778556	0.020875789	0.413608485	0.330785268	0.813052128
01/07 13：00：00	0.862598906	0.745831902	0.101778556	0.020875789	0.399656480	0.325213081	0.723429652
01/07 14：00：00	0.835623927	0.689972421	0.101778556	0.020875789	0.361435816	0.336458767	0.666795514
01/07 15：00：00	0.831356819	0.637825529	0.107135353	0.021974520	0.331767743	0.355404202	0.613343569

续表

日期/时间	购电量	天然气	内部照明	外部照明	必须运行家用设备	可控家用设备	热水器
01/07 16：00：00	0.891545084	0.643956310	0.133919208	0.027468151	0.339922589	0.375160137	0.618113465
01/07 17：00：00	1.119593078	0.712628804	0.224984235	0.046146490	0.389638663	0.443748690	0.682061248
01/07 18：00：00	1.538109110	0.851090876	0.417827884	0.085700619	0.480421868	0.539083740	0.813956181
01/07 19：00：00	1.811788512	0.980482653	0.621385062	0.127452197	0.432594020	0.585282233	0.940165583
01/07 20：00：00	1.762817728	1.009729432	0.658882445	0.135143276	0.349590651	0.604126356	0.968114287
01/07 21：00：00	1.634983069	0.944831611	0.567817418	0.116464937	0.310730298	0.624895416	0.901785793
01/07 22：00：00	1.493869480	0.853743802	0.476752325	0.097786597	0.293949140	0.610306417	0.811702945
01/07 23：00：00	1.209909129	0.710321774	0.358903443	0.073614627	0.234174068	0.528141991	0.673940800
01/07 24：00：00	0.932937458	0.928967527	0.246411292	0.050541389	0.151455627	0.458945563	0.518506348
01/08 01：00：00	0.671820999	1.433743793	0.128562411	0.026369419	0.092942925	0.379617886	0.352976269
01/08 02：00：00	0.576463474	1.938024076	0.074994767	0.015382159	0.076185780	0.349528078	0.280912457
01/08 03：00：00	0.546073891	2.399139670	0.053567677	0.010987259	0.062326493	0.345475578	0.261233543
01/08 04：00：00	0.544046353	2.807584014	0.053567677	0.010987259	0.053976431	0.340612579	0.266761698
01/08 05：00：00	0.551996454	3.188228060	0.053567677	0.010987259	0.065822864	0.327745893	0.324900413
01/08 06：00：00	0.611099524	3.689165902	0.053567677	0.010987259	0.080078181	0.365738076	0.576069854
01/08 07：00：00	0.849011167	5.492551965	0.123205679	0.025270688	0.140383543	0.422574380	1.047107876
01/08 08：00：00	1.117186184	4.496454792	0.251768090	0.051640107	0.228567291	0.449016939	1.180587198
01/08 09：00：00	1.072334939	4.280086096	0.241054561	0.049442657	0.301127950	0.379617886	1.152927495
01/08 10：00：00	0.938289226	3.833980083	0.123205679	0.025270688	0.375064554	0.323085519	1.050645653
01/08 11：00：00	0.946767779	3.925757789	0.101778556	0.020875789	0.395792849	0.330683955	0.926535908
01/08 12：00：00	0.937275386	2.825324175	0.101778556	0.020875789	0.413608485	0.330785268	0.814233959
01/08 13：00：00	0.887300184	1.641150071	0.101778556	0.020875789	0.399656480	0.325213081	0.728238023
01/08 14：00：00	0.850866750	1.247936989	0.101778556	0.020875789	0.361435816	0.336458767	0.675238602
01/08 15：00：00	0.831434756	0.652280066	0.107135353	0.021974520	0.331767743	0.355404202	0.624988392
01/08 16：00：00	0.891545084	0.655851951	0.133919208	0.027468151	0.339922589	0.375160137	0.630009106
01/08 17：00：00	1.119593078	0.724192012	0.224984235	0.046146490	0.389638663	0.443748690	0.693624456
01/08 18：00：00	1.541504701	0.983689027	0.417827884	0.085700619	0.480421868	0.539083740	0.824139340
01/08 19：00：00	1.811788512	0.990984718	0.621385062	0.127452197	0.432594020	0.585282233	0.950667648
01/08 20：00：00	1.762817728	1.019502559	0.658882445	0.135143276	0.349590651	0.604126356	0.977887414

续表

日期/时间	购电量	天然气	内部照明	外部照明	必须运行家用设备	可控家用设备	热水器
01/08　21：00：00	1.635486187	0.971457615	0.567817418	0.116464937	0.310730298	0.624895416	0.910273788
01/08　22：00：00	1.502283892	1.163058620	0.476752325	0.097786597	0.293949140	0.610306417	0.817668415
01/08　23：00：00	1.232107910	1.513149691	0.358903443	0.073614627	0.234174068	0.528141991	0.676476852
01/08　24：00：00	0.960310257	1.916658354	0.246411292	0.050541389	0.151455627	0.458945563	0.519375951
01/09　01：00：00	0.689471920	2.294591025	0.128562411	0.026369419	0.086369242	0.379617886	0.340498368
01/09　02：00：00	0.593094200	2.673273450	0.074994767	0.015382159	0.072238755	0.349528078	0.274310027
01/09　03：00：00	0.560199675	2.997672409	0.053567677	0.010987259	0.059715255	0.345475578	0.256377167
01/09　04：00：00	0.556294367	3.293146340	0.053567677	0.010987259	0.052611026	0.340612579	0.261544471
01/09　05：00：00	0.560561290	3.582627296	0.053567677	0.010987259	0.063151709	0.327745893	0.314229085
01/09　06：00：00	0.616650029	4.006183890	0.053567677	0.010987259	0.075981488	0.365738076	0.545295156
01/09　07：00：00	0.847052840	5.734423257	0.123205679	0.025270688	0.129758031	0.422574380	0.976517092
01/09　08：00：00	1.142220509	6.076044857	0.251768090	0.051640107	0.207405929	0.449016939	1.094769005
01/09　09：00：00	1.046757724	4.437725943	0.241054561	0.049442657	0.268690649	0.379617886	1.063253258
01/09　10：00：00	0.871150525	2.954396861	0.123205679	0.025270688	0.330033496	0.323085519	0.968068658
01/09　11：00：00	0.863657187	2.694222547	0.101778556	0.020875789	0.344876620	0.330683955	0.855644876
01/09　12：00：00	0.840175845	1.158229641	0.101778556	0.020875789	0.361119726	0.330785268	0.755409957
01/09　13：00：00	0.814788399	0.698994252	0.101778556	0.020875789	0.351845974	0.325213081	0.676592002
01/09　14：00：00	0.792035895	0.653536656	0.101778556	0.020875789	0.317847783	0.336458767	0.630359749
01/09　15：00：00	0.792231247	0.608724426	0.107135353	0.021974520	0.292642171	0.355404202	0.584242465
01/09　16：00：00	0.854486111	0.613257855	0.133919208	0.027468151	0.302863616	0.375160137	0.587415011
01/09　17：00：00	1.083675159	0.672129492	0.224984235	0.046146490	0.353720743	0.443748690	0.641561936
01/09　18：00：00	1.502757180	0.800723584	0.417827884	0.085700619	0.445069937	0.539083740	0.763588889
01/09　19：00：00	1.777478196	0.912464248	0.621385062	0.127452197	0.398283704	0.585282233	0.872147178
01/09　20：00：00	1.728572974	0.931220702	0.658882445	0.135143276	0.315345897	0.604126356	0.889605557
01/09　21：00：00	1.600127698	0.868283834	0.567817418	0.116464937	0.275874928	0.624895416	0.825238016
01/09　22：00：00	1.458262622	0.788618621	0.476752325	0.097786597	0.258342283	0.610306417	0.746577764
01/09　23：00：00	1.182204329	0.679902760	0.358903443	0.073614627	0.205880856	0.528141991	0.622308867
01/09　24：00：00	0.918585148	0.938971280	0.246411292	0.050541389	0.135920782	0.458945563	0.485878333
01/10　01：00：00	0.660262122	1.241721842	0.128562411	0.026369419	0.086369242	0.379617886	0.340676390

续表

日期/时间	购电量	天然气	内部照明	外部照明	必须运行家用设备	可控家用设备	热水器
01/10 02：00：00	0. 560737455	1. 506864007	0. 074994767	0. 015382159	0. 072238755	0. 349528078	0. 274398873
01/10 03：00：00	0. 525140602	1. 733814637	0. 053567677	0. 010987259	0. 059715255	0. 345475578	0. 256439726
01/10 04：00：00	0. 518485536	1. 930163823	0. 053567677	0. 010987259	0. 052611026	0. 340612579	0. 261614276
01/10 05：00：00	0. 520080553	2. 123392015	0. 053567677	0. 010987259	0. 063151709	0. 327745893	0. 314371467
01/10 06：00：00	0. 573368116	2. 446270647	0. 053567677	0. 010987259	0. 075981488	0. 365738076	0. 545745212
01/10 07：00：00	0. 763913195	2. 738170319	0. 123205679	0. 025270688	0. 129758031	0. 422574380	0. 977545024
01/10 08：00：00	1. 074009829	3. 618171105	0. 251768090	0. 051640107	0. 207405929	0. 449016939	1. 095969600
01/10 09：00：00	1. 003045260	2. 863009236	0. 241054561	0. 049442657	0. 268690649	0. 379617886	1. 064421728
01/10 10：00：00	0. 865451316	2. 749983168	0. 123205679	0. 025270688	0. 330033496	0. 323085519	0. 969118063
01/10 11：00：00	0. 882702135	3. 381715970	0. 101778556	0. 020875789	0. 344876620	0. 330683955	0. 856545795
01/10 12：00：00	0. 906548850	3. 551817247	0. 101778556	0. 020875789	0. 361119726	0. 330785268	0. 756173578
01/10 13：00：00	0. 865798761	2. 539275944	0. 101778556	0. 020875789	0. 351845974	0. 325213081	0. 677890846
01/10 14：00：00	0. 839527002	2. 366878896	0. 101778556	0. 020875789	0. 317847783	0. 336458767	0. 631592362
01/10 15：00：00	0. 836245772	2. 196714746	0. 107135353	0. 021974520	0. 292642171	0. 355404202	0. 585457980
01/10 16：00：00	0. 895501385	2. 095959414	0. 133919208	0. 027468151	0. 302863616	0. 375160137	0. 591468275
01/10 17：00：00	1. 118791161	1. 943795675	0. 224984235	0. 046146490	0. 353720743	0. 443748690	0. 647255393
01/10 18：00：00	1. 527379657	1. 691599080	0. 417827884	0. 085700619	0. 445069937	0. 539083740	0. 766795469
01/10 19：00：00	1. 793394456	1. 491418318	0. 621385062	0. 127452197	0. 398283704	0. 585282233	0. 877301593
01/10 20：00：00	1. 743925699	1. 490515107	0. 658882445	0. 135143276	0. 315345897	0. 604126356	0. 895416369
01/10 21：00：00	1. 617525835	1. 500136122	0. 567817418	0. 116464937	0. 275874928	0. 624895416	0. 829867242
01/10 22：00：00	1. 478874597	1. 535226662	0. 476752325	0. 097786597	0. 258342283	0. 610306417	0. 750100159
01/10 23：00：00	1. 208996778	1. 646771808	0. 358903443	0. 073614627	0. 205880856	0. 528141991	0. 623278957
01/10 24：00：00	0. 943130608	1. 824233927	0. 246411292	0. 050541389	0. 135920782	0. 458945563	0. 486248605